Der junge George L. Mallory

>> Von den beiden Alternativen,
entweder ein drittes Mal
umzukehren oder zu sterben,
war die letztere für Mallory
wohl leichter zu ertragen. Das
Martyrium der ersteren wäre
mehr, als er als Mann, als
Bergsteiger und als Künstler
auszuhalten vermochte. <<

Sir Francis Younghusband, 1926

Reinhold Messner

Mallorys
zweiter
Tod

Das Everest-Rätsel und die Antwort

Für Gesar Simon, der auch vorangehen will.

>> Es war immer mein Lieb-
lingsplan, den Berg ohne Gas
zu erobern und dabei zwei
Lager oberhalb des Nordsattels
zu benutzen.
Die Besteigung ohne Sauerstoff
wäre also reizvoller, aber der
gemeinsame Sieg über den
Berg ist die Hauptsache.

Ich habe die beste
Aussicht, auf den
Gipfel zu gelangen.
Ich kann mir kaum
vorstellen, nicht
hinaufzukommen;
unmöglich auch,
mich in die Rolle des
Besiegten zu fügen.

Ich beabsichtige, so wenig wie
möglich zu tragen, schnell zu
gehen und den Gipfel zu überrumpeln.
Ich möchte mich dabei nicht
überrumpeln lassen. Die drei
Tage aber, die wir oberhalb des
Tschang La brauchen, sind auch
eine günstige Gelegenheit für
den Monsun. <<

George Leigh Mallory, 1924

Der Gipfel des Mount Everest von Norden

Inhalt

Getauft auf den Namen Everest

1856

hat, ist heute trotz aller Mühe nicht mehr festzustellen. Jedenfalls wurde dem Surveyor General, Sir Andrew Waugh, gemeldet, dass Peak XV höher sei als irgendein bisher bekannter Gipfel. Dieser Berg erhielt 1856 den bald weltberühmt werdenden Namen Mount Everest, zu Ehren von Sir George Everest, dem verdienstvollen Leiter der Indischen Landesvermessung von 1823 bis 1843. Den alten tibetischen Namen Chomolungma oder – besser – Chomolongma (Göttin-Mutter des Landes) lernte man erst viel später kennen.

Günter Oskar Dyhrenfurth

Sir George Everest

So viel ist sicher, dass ein unbestiegener Mount Everest keinem begeisterten Bergsteiger Ruhe lässt. Mag es an Zeit, Gelegenheit, Geld oder an der Möglichkeit zu den umständlichen Vorbereitungen fehlen, der Wunsch, auf dem höchsten Gipfel der Erde zu stehen, muss jedes Bergfreundes Herz erfüllt haben.

Sir Francis Younghusband

Der Himalaja, erdgeschichtlich eine relativ junge Gebirgskette, gehört zur asiatischen Kontinentalplatte und wird durch die indische Platte angehoben und verschoben – Ursache für weiteres Anwachsen und zahlreiche Erdbeben in der Region.

Nach einer Vermessung vor 150 Jahren gilt der Mount Everest als höchster Berg der Erde. 1849 wurde er als Peak XV erstmals mit einem Theodolit- Fernrohr angepeilt. Leicht war die Aufgabe damals nicht. Das Vermessungsinstrument, eine halbe Tonne schwer, wurde von zwölf Personen durch unwegsames Gelände an den Fuß des Himalaja transportiert. Erst musste justiert, dann gemessen werden. Nach dieser Winkelbestimmung aus über 150 Kilometer Entfernung durch James Nicholson vergingen sieben Jahre, bis die endgültigen Triangulations-

8840
8848
8846,10

berechnungen vorlagen. Andrew Waugh – Nachfolger von George Everest als Vermessungsgeneral des British India Survey – trug die Berghöhe mit 29002 Fuß (8840 Meter) in die Karten ein. 1856 erhielt der Gipfel (zuerst »Peak b«, dann »Peak XV«) durch die Royal Geographical Society nach Sir George Everest seinen heutigen Namen: Mount Everest. Wie genau doch bereits 1849 Höhenwinkel bestimmt wurden! Im September 1992 stand erstmals eine GPS-Ausrüstung auf dem Gipfel und bestimmte die Höhe des Mount Everest mit Satellitensignalen. Diese »Jahrhundertvermessung« ergab 8846,10 Meter.

Die Everest-Höhe von 8848 Meter, die man in den meisten Atlanten, Karten und Statistiken noch immer als Höhenangabe findet, geht auf Vermessungen in den fünfziger Jahren dieses Jahrhunderts zurück.

>> Soll ich berichten, dass ich ob dieser Umkehr vor dem Ziel Bitterkeit empfand? Ich bekenne, dass mein Inneres nicht stürmisch erregt war. Zweimal habe ich an einem günstigen Tag umkehren müssen; keinmal krampfte sich meine Seele zusammen. In der Höhe verlaufen die

Kodak-Klappkamera

Mount Everest –
nicht nur, weil er da ist

geistigen Erregungen sehr sanft. Sobald man den Fuß talwärts richtet, überwiegt das Gefühl der Erleichterung nach der gewaltigen Anspannung, die jeder Schritt aufwärts erfordert. <<

Edward Felix Norton

>> Am 6. Juni 1924 verabschiedeten wir uns von Mallory und Irvine – für immer. Das Letzte war ein Händedruck und ein Segenswunsch, denn ich konnte ihnen nicht mit den Blicken folgen. <<

Edward Felix Norton

>> Nun gab es nichts mehr, das sie aufhalten konnte. Der Grat blieb guter, fester Firn. Endlos folgte Höcker auf Höcker. Kaum stand man auf einem, kam schon wieder ein anderer. Sie verzweifelten schon etwas, als Hillary um 11 Uhr 30 plötzlich den Nordsattel und den Nordgipfel des Everest unter sich sah. Nichts Höheres erhob sich vor ihnen. Es war der Gipfel. <<

Wilfried Noyce

Andrew Irvine

Seitdem meine Mutter mir 1949 die Geschichte von Mallory und Irvine vorgelesen hat, im Petroleumlicht einer Berghütte auf Gschmagenhart in den Dolomiten, verfolgten mich die beiden Helden vom Mount Everest in Tag- und Nachtträumen. Sie stiegen immer weiter am Nordostgrat hinauf, hinauf ins Nirgendwo, von wo sie nie mehr zurückkommen würden.

Dreißig Jahre lang stellte ich mir immer wieder vor, wie George L. Mallory den Gipfel des Mount Everest erreicht, ihn als Erster erreicht und dann beim Abstieg umkommt. Und ich fragte mich, warum er starb. Wie? Und wo?

Perfektes Wetter für den Job, hatte Mallory am Nachmittag des 7. Juni 1924 im letzten Lager auf einen Zettel gekritzelt. Am anderen Morgen schulterten er und sein 22-jähriger Partner, der Ingenieur Andrew Irvine, die schweren Sauerstoffgeräte und stapften die steilen Geröllhänge aufwärts, um über Felsstufen vom sechsten Lager Richtung Gipfel zu klettern. Sie kehrten nie zurück.

75 Jahre später, am 1. Mai 1999, sollten US-Bergsteiger am Mount Everest den Leichnam von George L. Mallory entdecken: tiefgefroren, mit marmorweißer Haut und zerschmettertem Schienbein. Und die ganze Welt wartet auf die Antwort, die der Tote nicht mehr geben kann. Oder doch? Ist sein zweiter Tod nicht des Rätsels Lösung? 75 Jahre nach dem Verschwinden des Bergsteigers schürt seine Leiche immer noch die alte Hoffnung vom »Gipfelsieg« 1924. Wofür sollte er sonst gestorben sein, wenn nicht für den Gipfel? Die Umstände seines Sterbens und das Auffinden der Leiche sind tatsächlich so aufschlussreich wie die offenen Seiten der Akten eines Kriminalfalls. Noch einmal und weltweit wurde damit die Debatte entfacht: Hat Mallory den höchsten Berg der Welt bereits 1924 bestiegen?

Mit Tweedjacke, Wickelgamaschen und Nagelschuhen bekleidet, den Kopf voll mit viktorianischem Geist, wollte Mallory – ein einzigartiger Bergsteiger mit Elan und Mutterwitz, von Beruf Schullehrer – jenen 8846 Meter hohen Felsberg bezwingen, der damals unbezwingbar schien.

Der Mount Everest war nach der Jahrhundertwende mehr als der höchste Berg der Erde. Als exotisches Reiseziel inzwischen zum Konsumgut geworden, sahen die Engländer gerade in diesem Eisgipfel die letzte große Herausforderung im geographischen Sinne. Und 50 Jahre lang blieb er ein Symbol für das Unbezwingbare. Trotzdem stiegen die hartnäckigen Briten, ausgerüstet mit Zelten, Eispickeln und Hanfseilen, immer wieder über seine tibetische Nordseite gegen ihr hohes Ziel an, auch gegen Vorurteile, Kälte, Hoffnungslosigkeit. Mallory und Irvine stiegen zuletzt bis in den Tod.

George L. Mallorys spurloses Verschwinden 1924 in der »Todeszone« des Himalaja wurde rasch zur Legende. Denn seit siebeneinhalb Jahrzehnten spekulieren Geographen und Trekking-Touristen, Bergführer und Sherpas, Alpin-Historiker vor allem, ob Mallory sein Ziel erreicht haben kann. Offiziell gelten der Neuseeländer Edmund Hillary und ein Sherpa, Tensing Norgay, als Erstbesteiger des höchsten Gipfels der Erde. Da sie den Berg am 29. Mai 1953 zweifelsfrei erklommen haben, von Süden, also von Nepal aus und ohne Zwischenfall, zieren ihre Fotos und nicht jene von Mallory und Irvine die Geschichtsbücher. Hillary und Tensing kehrten als Helden und rechtzeitig zur Krönungsfeier der Königin Elisabeth von England vom Dach der Welt zurück zu den Steinhütten der Bergtäler im armen Königreich Nepal. Sie wurden weltberühmt. Mallorys Geist wurde zum Mythos. Nicht nur die Klöster des Himalaja und die Täler von Solo Khumbu, auch die Salons der National Geographical Society in London umgeistern seit 1924 immer neue Fragen nach dem Tod der Pioniere. Wie Geister leben Mallory und Irvine so am Mount Everest weiter – bis in unsere Tage. Im Jahr 1933 fand man in über 8400 Meter Meereshöhe einen Eispickel, der zweifelsfrei nur Irvine oder Mallory gehören haben konnte, und 1960 schließlich berichteten chinesische Kletterer, sie hätten über dem »Second Step«, einer steilen Felsstufe, Seilreste und Holzpflöcke entdeckt. Ein Chinese behauptete kurz bevor er starb, in etwa 8300 Meter Höhe an einem toten Körper mit zerfranster Kleidung vorbeigekommen zu sein, und moderne Kletterer halluzinierten sogar eine Begegnung mit den Toten. Was wurde nicht alles gesichtet, erzählt, kolportiert. Vieles passte zusammen, wie ein Puzzlespiel vom Gipfelgang, anderes wiederum nicht. Hatten die Briten den Berg 1924 also doch bezwungen? Immer mehr Menschen machten sich ein Bild nach ihren eigenen Wünschen und Vorstellungen. Viele glaubten am Ende, die Wahrheit zu erraten, ohne Mallorys Berichte über seine Besteigungsversuche zu kennen oder nachzulesen.

Als knapp vor der Jahrtausendwende ein Suchtrupp um den US-Bergsteiger Eric Simonson endlich Erfolg meldet – *wir haben den Leichnam von Mallory eindeutig identifiziert* –, wollen alle glauben, was die Forscher suggerieren: Das Rätsel sei gelöst. Das Auffinden des tiefgefrorenen Pioniers, der bäuchlings im Geröll lag – den Rücken frei, wachsweiß, das Seil noch um seine Brust geschlungen –, beweist jedoch leider gar nichts von dem, was alle wissen wollen.

Mitte März 1999 war eine elfköpfige Bergsteigergruppe nach Tibet gereist, zuerst ins Basislager am Rongbuk-Kloster. Später ging es über den Rongbuk-Gletscher weiter, dann vorbei am 7000 Meter hohen Nordsattel und den stumpfen Nordgrat aufwärts. Als eine Fünfergruppe den Aufstieg über die Nordflanke ins Zielgebiet ihrer Suchexpedition fortsetzt, kommt Spannung auf. Was keiner Suchexpedition gegeben war, gelingt: Sie finden einen der toten Engländer.

Dieser Fund und die einmaligen Bilder waren das Ergebnis einer ausgeklügelten Fahndung. Von unten verfolgte der Deutsche Jochen Hemmleb die Spitzengruppe im Fernglas und dirigierte die Männer mittels Sprechfunkgerät in der Falllinie des Pickelfunds von 1933 sukzessive nach oben. Der Geologiestudent aus Frankfurt, ein guter Kenner der sagenumwobenen 1924er-Story vom Verschwinden Mallorys und Irvines im Nebel, brachte die Vorhut auf die richtige Spur. Es war der US-Alpinist Conrad Anker, der plötzlich etwas Ungewöhnliches sah. Auf einer Felsstufe in etwa 8250 Meter Höhe entdeckte er zuerst nur einen *merkwürdigen weißen Streifen*. Kurz darauf erkannte er unter Steinen und Kleiderresten den wachsweißen Korpus eines toten Bergsteigers, dessen linker Fuß in einem gut erhaltenen Nagelschuh steckte. Schien- und Wadenbein waren offensichtlich gebrochen. In der Seitentasche der Jacke des Toten steckte ein Brief – von Mallorys Ehefrau. Im Taschentuch und im Hemdkragen waren Mallorys Initialen G. L. M. eingestickt, der ultimative Beweis, dass Mallory 75 Jahre nach seinem Verschwinden immer noch da war.

Das Rätsel um die Gipfelbesteigung aber bleibt. Bewiesen ist gar nichts, auch wenn alle unverzüglich und *mit fast definitiver Sicherheit* wissen wollten, dass Mallory den höchsten Punkt erreicht hat und erst nachher zu Tode gestürzt ist.

Nein, die Bergsteigergeschichte muss vorerst nicht umgeschrieben werden. Mehr noch, der Verdacht, dass die englischen Gentlemen den Dachfirst der Erde bereits 1924 gestürmt haben könnten, ist mit diesem Fund erschüttert, nicht erhärtet worden. Und nur wenn in der Kodak-Kamera der Pioniere, die vorerst nicht gefunden werden konnte, Bilder vom höchsten Punkt der Erde enthalten sein sollten, wäre der Beweis für das offensichtlich »Unmögliche« erbracht.

Was am 8. Mai 1924 genau passiert ist im Gipfelbereich des Mount Everest, will ich erzählen – und mit Hilfe seiner Schriften Mallorys Zugang zu »seinem« Berg klären. Denn darin und nur darin sind alle Antworten auf unsere Fragen versteckt.

Mallorys Aufstieg bleibt ein Meisterstück aus den Anfängen der Höhenbergsteigerei. Wie weit er auch immer kam, dieser Aufstieg war und ist der bedeutendste am Mount Everest.

Die Briten, am Nord- und Südpol zu spät gekommen, setzten in den Zwanzigern auf den Himalaja. Der Ansturm begann 1921. Eine erste Erkundungstour, allen voraus Mallory, kam bis zum Nordsattel.

1922 kehrte der Everest-Besessene, sehnig und sehnsüchtig wie er war, an diesen Berg zurück, im Gepäck Sauerstoffflaschen aus Stahl, im Schlepptau Sherpa-Träger, von denen ein halbes Dutzend in einer Lawine starb. Gemeinsam mit Edward Norton und Howard Somervell drang Mallory in die Todeszone vor, in weit über 8000 Meter Höhe. Man sprach von Höhenweltrekord.

Heute sind solche Aufstiege im Reisebüro zu haben, und sie werden präpariert. Mallory dagegen stieg ins Ungewisse. Fanatisiert, verspielt und sehr britisch zugleich suchte er den Erfolg immer wieder, zuletzt um jeden Preis. Warum? Ganz einfach, weil er da ist, der Berg.

Im Aufstieg zum Nordsattel

1924 hatten Mallory und Irvine in der Nacht vor dem Start offensichtlich an den Atemgeräten herumgebastelt. Frühmorgens krochen sie aus dem Zelt: Stimmung und Wetter gut, wenig Wind. Das Gewicht der Sauerstoffapparate allerdings war erdrückend. Um 12 Uhr 50 sah der Expeditionsgeologe Odell die Gipfelstürmer durch ein Wolkenloch. So wie sie, gegen den Himmel deutlich auszumachen, am Nordostgrat ein Schneefeld entlanggingen, müssen sie irgendwo zwischen der ersten und zweiten Stufe gewesen sein. Diese Sichtung auf einer verschneiten Felskuppe, an welcher Stufe auch immer, bleibt für immer die letzte. Kurz danach kamen mehr Wolken, Monsunnebel, Schneetreiben. Oder sogar ein Sturm? Und was kam dann? Die »zweite Stufe«! In 8600 Meter Meereshöhe versperrt sie wie ein zweistufiger Schiffsbug den Weiterweg. Sie ist direkt nicht zu überklettern, links viel zu gefährlich, nur rechts möglich, aber die Kletterei ist senkrecht und sehr exponiert. Nichts für Irre oder Hochstapler. Für Helden vielleicht?

Nicht nur alle britischen Vorkriegsexpeditionen sind an dieser Steilstufe stecken geblieben, auch chinesische Bergsteiger fanden jahrelang keine Logistik für dieses Hindernis. Unüberwindbar? 1975 erst haben Chinesen lange Aluminiumleitern zum Second Step hochgeschleppt, an die Steilwand gestellt und Räuberleiter gespielt. Es wurden Haken in den Fels geschlagen und Leitern fixiert, Seile gespannt. Diese und alle späteren Expeditionen haben die Kletterhilfen benutzt und nur die mürben Fixseile immer wieder gegen neue ausgetauscht. Die zweite Stufe konnte inzwischen von Conrad Anker zwar »frei« geklettert werden – mit Fixseilen und Leitern in greifbarer Nähe –, aber noch nie hat jemand dieses Hindernis »by fair means« gemeistert. Wie sollte es also Mallory 1924 mit seinen Nagelschuhen und fast 20 Kilogramm auf dem Rücken geschafft haben? Ohne die heutigen Steighilfen?

Die Frage ist: Hätte es einen Umweg gegeben? Links der glatten Felsstufe versperrt fast senkrechtes Eis den Weg, rechts verläuft eine steile Felsmauer. Sicher, das Norton-Couloir, viel weiter rechts unten, wäre damals möglich gewesen, aber es bedeutete einen gewaltigen Mehrweg und mehr Zeitaufwand – viel mehr Zeit, als Mallory und Irvine zur Verfügung stand. Nein, an einem Nachmittag war es nicht zu schaffen, von hier zum Gipfel und zurück zu kommen. Waren die Engländer am 8. Mai 1924 am Second Step und dort zu spät? Viel zu spät!

Sind die beiden also gescheitert und beim Abstieg umgekommen? Oder haben sie alles riskiert und so alles verspielt? Bis zum Gipfel sind es vom Second Step nicht zwei bis drei Stunden, sondern Ewigkeiten. Denn 1924 gab es im Schnee am Gipfelgrat keine getretene Spur wie für die heutigen postmodernen Schnellbergsteiger, die mit Mallorys Ausrüstung und ohne Orientierungshilfen den Aufstieg erst gar nicht versuchen würden.

Für Mallory gab es keine Ausweichroute zum Ziel, und alle anderen Szenarien seines Scheiterns sind reines Wunschdenken. Ist Mallory folglich nicht der Gipfelsieger? Beweist der Fundort der Leiche, dass Mallory und Irvine am Second Step gescheitert sind? Sind sie dort umgekehrt, um auf direktem Weg zum Zelt zu gelangen? Am Ende muss alles misslungen sein. Leider.

Die Vorstellung vom Scheitern ist schwer zu ertragen – vor allem, wenn der Held dabei umkommt. Das gilt noch heute. Nein, Mallory auf dem Rückweg gescheitert, das passte 1924 noch weniger ins Bild der Zeit. Wenn er doch wenigstens, wie Scott vom Südpol, ein paar heroische Sprüche hinterlassen hätte! Als Mallory vom Nordostgrat stürzte, war keiner dabei, der es später hätte bezeugen können. Ob er Irvine mitgerissen hat? Oder dieser den Helden? Obwohl alles auf einen gemeinsamen Absturz hinweist, werden wir es nie wissen. Wahrscheinlich war der Sauerstoff ausgegangen. Und wer zu lange in der Todeszone herumsteigt – wie lange waren Mallory und Irvine oben? –, fühlt sich wie nach einer Narkose. Als hätte er Watte im Gehirn. Die Muskeln erlahmen, die Sinne erlöschen, der Wille erstickt im Hecheln nach Luft. In diesem Zustand der Apathie kann jeder Fehler, jedes Risiko tödlich enden: ein Stolpern, ein Biwak, die Nacht.

Der Tote vom Mount Everest ist zum Glück exzellent konserviert. Aber es gibt keinerlei Hinweis auf die Art seines Todes: Tod durch Erfrieren, Ersticken oder infolge der Verletzungen? Dass die Sauerstoffmaske fehlte, ist dabei nicht so wichtig. Mallorys Schneebrille steckte in einer seiner Taschen – ein Hinweis, dass der Unfall bei einbrechender Dunkelheit passierte? Oder im White-out? Oder sogar im Delirium? Die Höhenkrankheit ist keine unheilbare Sucht – nur gefährlich. Nein, sicher hätte sich ein solches Ende für den Gipfel der Welt nicht gelohnt. Aber wer weiß schon, wie so ein Versuch ausgeht? Solange der Mensch nach oben steigt, hat er keine Zeit zum Grübeln, und nachher ist es zu spät. Nachher wissen es alle besser. Wer den Mount Everest nicht wenigstens versucht, kann nicht einmal scheitern dabei.

Ich habe noch einen Wunsch im Zusammenhang mit dieser Tragödie: Hoffentlich wird bald auch der Fotoapparat gefunden, den Mallory von Somervell geliehen hatte. Hoffentlich lässt sich der Film in der schmalen Klappkamera noch entwickeln. Aber ich bin sicher: Der Gipfel ist auf den Bildern nicht zu sehen. Auch ohne Kamera kenne ich das Ende. Warum? Ich habe den Mythos Mallory nicht irgendwoher. Sein Leben, seine Träume und Wünsche sind mir vertraut, und wenn ich meine zitternden Hände ansehe beim Schreiben, weiß ich, wie es damals beim Sterben war.

Seit 1980, als ich den Mount Everest allein bestiegen habe, ahne ich, dass Mallory und Irvine zwar nicht am Gipfel gewesen sein können, aber alles darangesetzt haben, diesen zu erreichen. Ihre Pioniertat gehört in jedem Fall und für immer zu den Sternstunden der Alpinistik. Schade nur, dass sie nicht mehr zurückkamen zu den Lebenden, um von ihrem Scheitern zu berichten. Beim Scheitern nämlich erleben wir Menschen mehr von unserem Menschsein als bei den Erfolgen.

Der Geist Mallorys ist dort oben geblieben, und ich spürte ihn nicht nur bei meinem Alleingang über die Nordflanke, auch heute manchmal, beim Blick auf historische Everest-Bilder, ist er noch da. Als wäre sein Aufstieg nie wirklich zu Ende. Gerne lasse ich die Geister am Mount Everest weiterleben. Tod, zweiter Tod und alle Hoffnungen der unten Gebliebenen haben keinen Einfluss auf die Wirklichkeit über den Wolken.

Mallory im »Standlager« von 1922

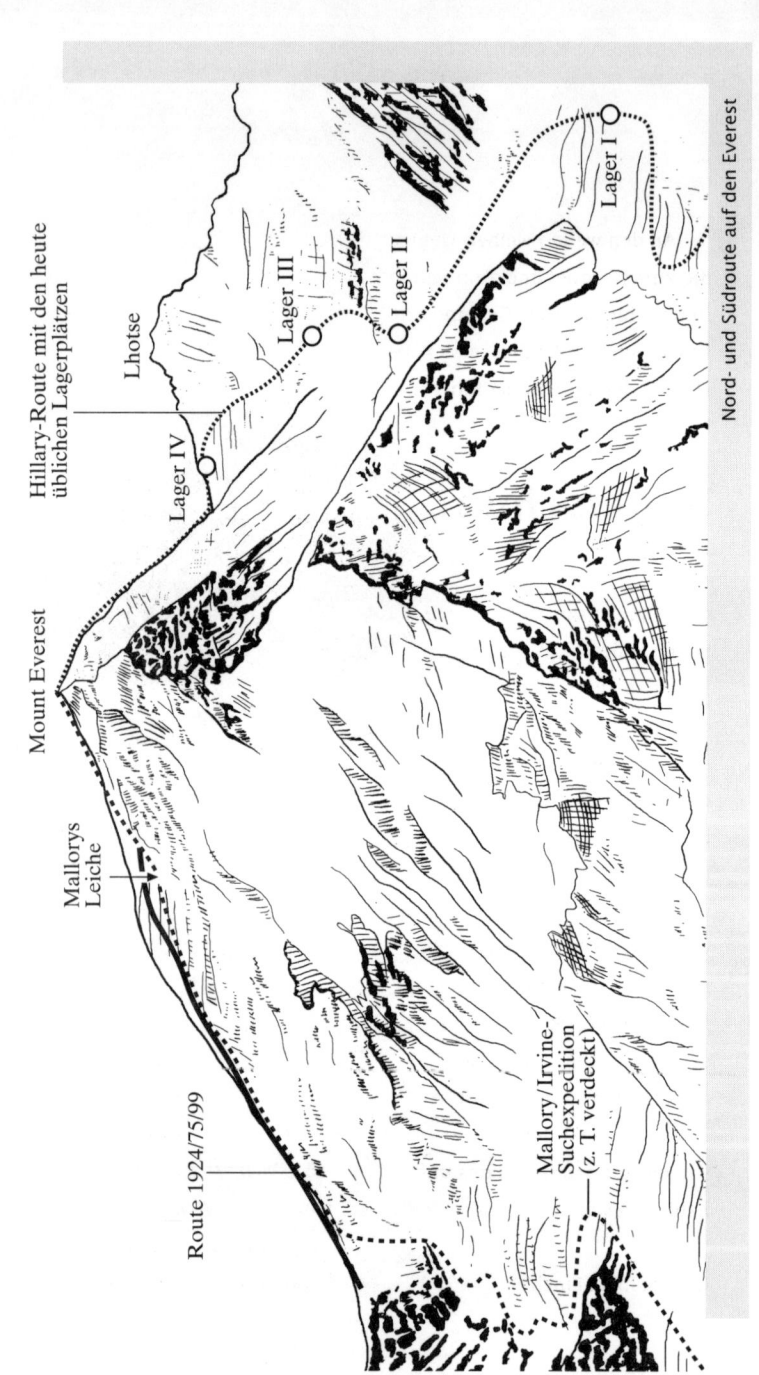

Nord- und Südroute auf den Everest

Hillary-Route mit den heute üblichen Lagerplätzen

Mount Everest

Lhotse

Lager IV

Lager III

Lager II

Lager I

Mallorys Leiche

Route 1924/75/99

Mallory/Irvine-Suchexpedition (z. T. verdeckt)

Nagelschuh im Internet 1999

Mallorys genagelte Bergschuhe

Der Mount Everest vom Flugzeug aus gesehen: links die Nordflanke mit
dem Anstieg, den Mallory versuchte, ganz rechts der Südsattel, von dem
aus Hillary 1953 den Gipfel erreicht hat

1.5. 1999

Am 1. Mai 1999, gegen Mittag, erblickt Conrad Anker, ein Mitglied der Mallory/Irvine-Suchexpedition am Mount Everest, auf einer Terrasse in 8250 Meter Höhe einen *merkwürdigen weißen Streifen.* Kurz danach steht er einem wachsweißen Korpus gegenüber, dessen Kleidung bei Berührung zerfällt. Der linke Fuß steckt in einem gut erhaltenen Nagelschuh. Schien- und Wadenbein sind offenbar gebrochen.

Plötzlich soll ich diese bescheidene Ruhestätte mit Leuten teilen, die angeblich seit Wochen nach mir suchen. Nur nach mir. Dabei wäre ich schon vor 75 Jahren zu finden gewesen.

Bald ein Dreivierteljahrhundert liege ich hier, und jetzt kommen sie plötzlich darauf und gebärden sich wie Entdecker. Man hat mich schon lange zum Gipfelsieger degradiert und mir so alles Menschliche genommen. Den Helden aber lassen sie liegen. Was der Schnee, der sich hinter mir staute, der Orkan, der meinen Rücken entblößte, und die Schwerkraft nicht geschafft haben, können auch sie nicht. So wenig ich wie ein Stück Eis ins Tal gekracht oder wie ein Felsbrocken geborsten bin, so wenig schaffen sie den Abtransport.

Also bleibe ich liegen, bäuchlings, bleich, blind und taub, quer über den Schutt gebreitet: Sein, nicht Bewußtsein. Hier, wo noch viele andere sich die Beine oder das Genick brechen werden, dem Frost und der Dürre ausgesetzt, warte auch ich auf die richtige Antwort. Nein, keine Lust, tot zu sein nach dem unerwarteten Besuch. Aber alle Beweise für ihre Theorie haben sie vergessen.

3.5. 1999

Ich freue mich mitzuteilen, dass die Mallory/Irvine-Suchexpedition von 1999 die sterblichen Überreste von George Mallory gefunden hat, der seit dem 8. Juni 1924 am Mount Everest vermisst wurde, heißt es in einer Internet-Botschaft von Teamchef Eric Simonson.

Endlich, nach einem trockenen Winter und einem stürmischen April, bin ich gut sichtbar – mit dem marmorweißen Rücken, das gerissene Seil um den Leib, die pastellfarbenen Reste meiner Kleider zwischen den Steinen.

Muss die Geschichte des Bergsteigens jetzt neu geschrieben werden? Wie will man beweisen, dass Mallory und sein Kollege Andrew Irvine die Ersten waren, die den Mount Everest bezwangen, und nicht der Neuseeländer Edmund Hillary mit seinem Sherpa Tensing Norgay, die den 8846 Meter hohen Gipfel 1953 erreicht haben?

Ich bin dagegen, dass Leute über meinen ersten Tod spekulieren, die nicht recherchieren können. Liest mich denn niemand? Wo ich damals stürzte, sind längst noch andere abgestürzt. Und auf dem Weg zum Gipfel liegen Leichen im Dutzend. Warum also so viel Aufhebens um mich, warum dieser Aufwand?

Die Leiche liegt auf einer Terrasse unterhalb der Stelle, wo 1933 eine vermutlich Irvine gehörende Axt gefunden worden war. Als wir erkannten, dass es sich um George Mallory handelte, waren wir fasziniert, erklärt der Bergsteiger Dave Hahn. Wir wollten ihn nicht stören, schließlich lag er schon seit 75 Jahren da. Aber gleichzeitig dachten wir, man könne ihm keine bessere Ehre erweisen als herauszufinden, ob er den Gipfel 1924 erreicht hat.

Mich ekelt vor so viel Ehrerweisung. Und diese Heuchelei! Nein, ich will nicht von Leichenfledderei reden, aber von Pietät hörte ich nichts, als man meine Taschen ausräumte. Da wurde gekeucht und geschimpft, gerotzt und geflucht. Ich konnte nur lachen über den Aufschrei, als einer ein schwarzes Stück Fels und nicht die Kodak-Kamera in den Händen hielt. Welche Gier dieser Mythos Mallory doch geschaffen hat!
Wie lange sie mir in den Ohren klangen mit Worten wie »Sensation« und »eindeutig klar« und »bewiesen«. Gar nichts ist bewiesen. Ich bin für viele noch unterwegs und brauche nichts weiter zu erzählen. Weil alles gesagt ist. Also weg, aus der Leitung, ab ins Basislager!

Kein Zweifel, das Bergsteiger-Team, zu dem außer Simonson noch sechs weitere US-Bergsteiger, der Deutsche Jochen Hemmleb und ein Brite gehören, hat Detektivarbeit geleistet. Nach einer Zeremonie beerdigte das Team George Mallory, meldet Simonson über das Netz.

Nach ihrem Abschied von diesem stillen, friedlichen Ort frage ich mich, wie langweilig das Leben wohl geworden ist. Könnte es etwas Unangenehmeres geben, als sein Sterben über Satellit zu verkünden? Ohne Internet und Funkgerät und Satellitenkommunikation gelebt zu haben war aufregender. Wenigstens hier oben.

> *Unsere Arbeit ist nicht fertig, das ist erst der Anfang,* verkündet Simonson später. Seit dem 29. März ist das Team unterwegs. Wie hart die Arbeit ist, lässt sich aus den Worten von Dave Hahn erkennen, die er unmittelbar nach der Beisetzung Mallorys ausspricht: *Du machst einen Schritt und du denkst nicht mehr über George Mallorys Leben nach, du machst dir Sorgen um dein eigenes Leben, weil du abstürzen könntest.*

Natürlich werden sie nachträglich behaupten, sie hätten mich besser gebettet und meinen Leib mit Steinen geschützt vor Sturm und auch vor Raubvögeln, von denen ich in dieser Höhe bisher nicht einmal einen Flügelschlag gehört habe. Eins aber weiß ich gewiss, diese Suchexpedition gilt nicht mir, ich bin ja viel weniger wert als die Behauptung, ich hätte die Spitze des Mount Everest erreicht, und genau das wird übermorgen in jeder Provinzzeitung stehen.

> Wie wollen die Expeditionsmitglieder nun herausfinden, ob Mallory und Irvine den höchsten Berg der Erde 29 Jahre vor Edmund Hillary und dem Sherpa Tensing Norgay bestiegen haben? Sie hoffen, die kleine Pocketkamera zu finden, mit der die beiden Engländer, sollten sie den Gipfel tatsächlich erreicht haben, oben Fotos gemacht haben könnten. Filmexperten versichern, der Film lasse sich noch entwickeln, falls kein Licht in die Kamera gekommen sei.

Nun, sie sollen glauben, wofür sie bezahlt haben. Meinen ersten Tod habe ich so nicht gewollt. Ich behalte ihn für mich. Ich bin aber gerne bereit, den zweiten Tod zu vermarkten. Ich bleibe da, und sie tragen das Risiko. Wie ich mit meinem Leben gescheitert bin, wollen sie ja nicht wissen, das interessiert vielleicht ein paar Neugierige, weniger die Bergsteiger. Diese verkörpern wie ich die Suche nach dem Unberührten, Unermesslichen, Fernen, und nur für diese Werte sind sie selbstbetrügerisch bereit zu bezahlen.

Was ist es, was uns an Mallory heute so fasziniert? Seine mutige Seele und unsere unbegrenzten Möglichkeiten dazu? Ins Basislager am Mount Everest kann man heute fliegen. Dank Hubschrauber und Telefon, Diktiergerät und Internet sind wir weltweit vernetzt. Der Weg zum Gipfel wird abgesichert, und fit für den Berg sind wir bald alle, mit den superleichten Sauerstoffgeräten, der Funktionsbekleidung und der tadellosen sportlichen Ausrüstung.

Natürlich will ich nun sehen, wie einer den Second Step klettert, der besser ist als ich – oder wenigstens besser ausgerüstet. Aber richtig erzählen wird er meine Geschichte nicht. Die Epik vom Mount Everest kennt nur einen Berichterstatter – und der bin ich.

Nordostgrat und Gipfelpyramide des Mount Everest

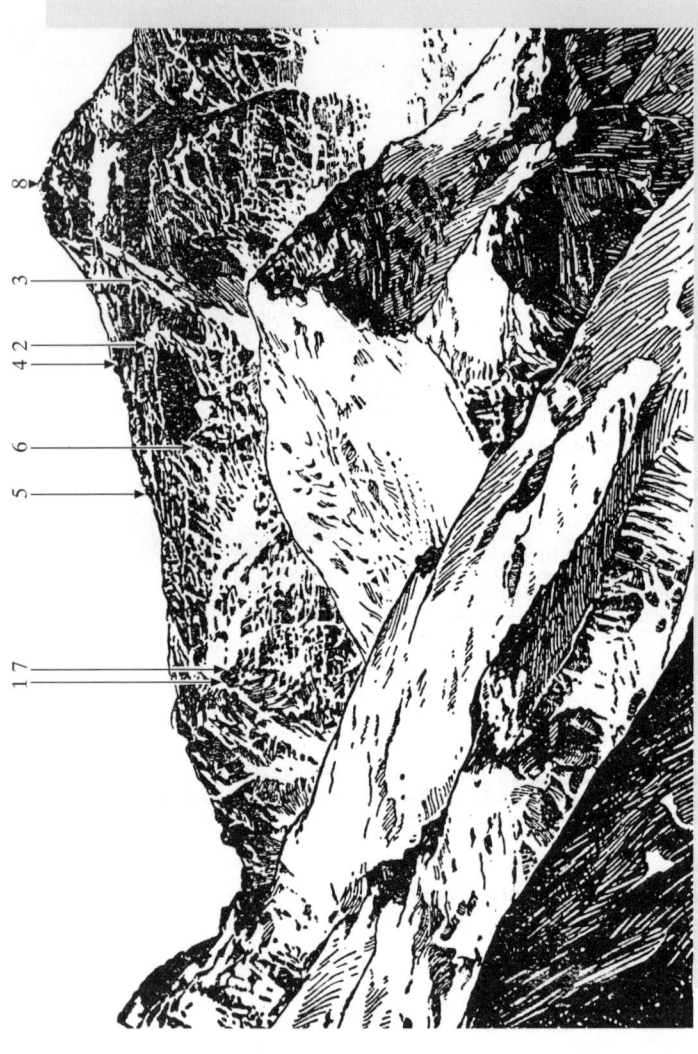

Die Nordseite des Mount Everest: das Szenario 1924

1 Lager VI auf 8140 Meter
2 Von Somervell 1924 erreichter Punkt
3 Von Norton 1924 erreichter Punkt
4 Second Step: letzte Sichtung Mallorys und Irvines
5 First Step
6 Von Finch und Geoffrey Bruce 1922 erreichter Punkt
7 Von Mallory, Norton und Somervell 1922 erreichter Punkt
8 Gipfel des Mount Everest auf 8846 Meter

Expeditionsausrüstung Odells aus dem Jahr 1924

Verschollen am Gipfelgrat

1924

Edward Norton unter dem Everest-Gipfel, 1924

4.6.
1924
Am 4. Juni 1924, als Norton und Somervell im Lager auf dem Nordsattel ankommen, erschöpft und fast blind von ihrem vergeblichen Versuch, den Gipfel zu erreichen, ist auch Mallory da.
Er will einen letzten Versuch wagen und dabei Sauerstoff benutzen. Norton, der Expeditionsleiter, ist damit einverstanden. Als Begleiter will Mallory aber nicht Odell, der in bester Verfassung ist, dazu ein ausgezeichneter Bergsteiger, sondern Irvine, obwohl dieser starke Halsschmerzen hat. Mallory hat die Wahl, und sein Protegé Irvine bewundert ihn, folgt ihm.

Im Gegensatz zu Sandy Irvine, der sich selbst als Sauerstoff-Mechaniker verstand, war ich nach zwei Everest-Expeditionen der Star in der Mannschaft, eine Art Achilles der Berge, der seit seinem dritten Anlauf zum Dach der Welt jene Emotionen in einem neugierigen Publikum weckte, die mit Todesgefahr in Verbindung gebracht werden. Sandy, 16 Jahre jünger als ich, war zwar ein begeisterter Skifahrer und hatte 1923 mit Odell Bergtouren auf Spitzbergen unternommen, aber er war kein Star. Er wollte es auch nicht sein. Er war stolz darauf, eine Seilschaft mit mir zu bilden, und wünschte sich in seinem jugendlichen Idealismus, einen ersten Versuch ohne Sauerstoffgerät machen zu können. Dass er als Sauerstoff-Mechaniker dann mit der schweren Apparatur zu steigen hatte, entsprach also weder seinem Wunsch noch seinem Schicksal, es war mein Wille!

5.6.
1924
Am 5. Juni bereiten Mallory und Irvine sich vor. Acht Träger, frisch und ausgeruht, sollen die Lasten bis zum Lager VI bringen. Hazard und Odell wollen auf dem Nordsattel bleiben.

Ich wollte auf den Everest, und zwar ganz hinauf. Die erste Besteigung war dabei so unwichtig wie der Rekord, der uns völlig fremd war. Unser Spiel hatte nichts zu tun mit Zahlen oder Extravaganzen, schon gar nichts mit Rivalität. Auch unsere Geräte hatten nur eine praktische Bedeutung, keine sportliche. Im Unterschied zu modernen Bergsteigern machten wir nicht aus jedem Aufstieg eine Sensation, mit der sich irgendeine Provinz identifizieren sollte. Wir identifizierten uns mit unserem Ziel. Deshalb und nur deshalb wurde unser Aufstieg zur Metapher für die Einswerdung mit der Sache: »Aufstieg und Fall der Seilschaft

Mallory/Irvine« als Fallbeispiel dafür, sich in seinem Ziel zu verlieren.

6.6. 1924

Am 6. Juni bringen Hazard und Odell den beiden Gipfelstürmern morgens das Frühstück ins Zelt. Dann brechen die zehn Männer auf. Mallory und Irvine tragen je zwei Sauerstoffflaschen und das Atemgerät, etwa elf Kilogramm, nicht viel. Der letzte Angriff der 1924er-Expedition auf den Mount Everest hat begonnen.

Nein, ich dachte nicht daran, aus dieser Höhe nicht zurückzukommen zu den Menschen, nach England, zu meiner Frau. Ich sah die Welt auch nicht mit überirdischen Augen. Wir wollten nur weiter, weiter hinauf. Norton und Somervell waren ohne Sauerstoffgeräte gescheitert und schneeblind zurückgekommen. Warum also sollte ich die Hilfe des Sauerstoffs nicht annehmen? Ich hatte mich früher immer dagegen gewehrt, anders als durch die Kraft der eigenen Lungen zu steigen. Diesen letzten Versuch aber wollte ich mit Gas wagen, und Irvine war dafür der richtige Begleiter. Von Anfang an habe ich mir den jungen Irvine als Gefährten gewünscht. Die Leidenschaft seiner Jugend und sein Instinkt für Technik bestachen. Irvine war geschickt, in handwerklichen Dingen eine Art Genie. Er hatte die Sauerstoffgeräte im Griff und verbesserte sie unermüdlich. Bei einem Zwischenfall unterwegs würde er die Geräte reparieren können. Sicher, Odell war ruhiger, erfahrener, doch voller Misstrauen gegenüber dem künstlichen Sauerstoff.

Der Morgen ist sonnig, am Nachmittag kommen Wolken, diese leichten Monsunnebel. Da sind Mallory und Irvine schon im Lager V. Vier Träger müssen zurück. Auf einen Zettel, den sie Odell geben sollen, schreibt Mallory: *Kein Wind hier oben; die Sache sieht hoffnungsvoll aus.* Um 17 Uhr kommen die vier Hochträger mit der Nachricht von Mallory bei Odell an. Alles läuft also nach Plan.

7.6. 1924

Am 7. Juni steigt Odell mit einem Träger zum Lager V auf. Es ist leer. Mallory, Irvine und die vier verbliebenen Träger sind also zum Lager VI weitergegangen. Bald nach der Ankunft Odells im Lager V kommen diese vier Träger mit einem Brief von Mallory zurück:

Lieber Odell! Tut uns leid, dass wir solche Unordnung hin-
terlassen haben. Unnakocher im letzten Augenblick den
Berg hinuntergerollt. Gehen Sie morgen nur rechtzeitig
nach Lager IV zurück, um vor Dunkelwerden zu räumen,
was ich auch zu tun hoffe. Ich muss einen Kompass liegen
gelassen haben; retten Sie ihn um des Himmels willen,
denn wir haben keinen. Bis hier mit 90 Atmosphären
während der zwei Tage. Werden daher wohl mit zwei Fla-
schen auskommen. Ist aber doch eine verfluchte Last
beim Klettern. Großartiges Wetter zum Gehen.
Immer Ihr
G. Mallory

Odells Träger ist krank und geht mit den anderen zurück. Odell bleibt allein im Lager V und sinniert über
Höhenprobleme: *Es ist merkwürdig, wie schnell die Berg-*
krankheit schwindet, wenn man absteigt oder auch nur
den Entschluss zum Abstieg gefasst hat. Bei den Sherpas
ist mir das oft genug aufgefallen, bei Europäern etwas
weniger. Schon das Bewusstsein, dass keine weiteren An-
strengungen verlangt werden, wirkt heilsam. Der Geist
kehrt gewissermaßen in den Normalzustand zurück.
Der Tag ist zu Ende, das Licht aber gibt den Gipfeln
ringsum einen violetten Glanz. Die Gletscherströme in
der Tiefe gleichen grauen Strömen aus Dunst. Und alles
ohne Laut. Diese Stille. So hat Odell Stille noch nie erlebt.

Wir hockten höher oben im Zelt. Ich schmolz fortwährend Eis,
Andrew bastelte an der Sauerstoffapparatur. Wir hatten keine
andere Hoffnung als diese Technologie. Die Sorgen, Kopfschmerzen und die schnelle Atmung wollten uns nicht dösen
lassen. Da es Nacht war und wir die anderen schlafen lassen
wollten, gaben wir keine Lichtsignale.
Waren die anderen, die aufgegeben hatten, die Klügeren? Bald
würde der Tag kommen und eine erfrorene Sonne. Auch Wind?
Ehe die Stunden zu lang werden, mit schwindenden Willens-
kräften, sind wir alle klug genug, uns mit Abstieg zu drohen.
Wenn der Tag diese düsteren Gefühle dann wieder vertreibt, versteigen wir uns in jenen fernen Punkt, der das Höchste symbo-
lisiert.

**8.6.
1924**

Odell hat ohne Beschwerden geschlafen. Am Morgen steigt er an den Hängen über dem Lager V bergan. Später erinnert er sich genau: *Um 8 Uhr erstieg ich den Hang hinterm Lager V und gelangte bald auf die Kammhöhe des Nordgrates. Bisher war es klar und nicht übermäßig kalt gewesen; jetzt aber bildeten sich Nebelbänke im Westen und zogen über die Bergflanke dahin. Glücklicherweise wurde der Wind nicht stärker. Auch schloss ich aus der Helligkeit über mir, dass die oberen Teile des Berges nebelfrei blieben. Infolgedessen fühlte ich keine Beunruhigung. Im Geiste sah ich Mallory und Irvine schon den Gipfelhang emporsteigen. Da der Wind sie nicht behinderte, stand glattem Vordringen auf der Grathöhe der Nordostschulter nichts im Wege.*

Wenn einer dreimal hintereinander zum Mount Everest aufbricht wie ich, bleibt er nicht im letzten Lager hocken, wenn es windstill ist und schönes Wetter. Auch wenn in der Nacht vorher und am Morgen im Zelt alles klemmt – die Hoffnung und die Nagelschuhe, die Ventile der Sauerstoffgeräte und des Kochers–, einmal vor dem Zelt und auf den Beinen, kann es nur ein Vorwärts geben. Ein Versuch ist besser als das Scheitern.

Die Monsunnebel krochen über die Flanken unter uns, aber auf dem Grat war es klar. Wir kamen zu spät weg aus Lager VI und waren langsam. Der Weg ist lang; unter dem Grat gibt es Bänder mit abwärts geschichteten Felsplatten, am Gipfelgrat Buckel, denen wir nicht ausweichen konnten. Wir stiegen und rasteten und sahen uns um: Alle Horizonte so weit weg und nirgends ein sicherer Ort für unsere gequälten Leiber. Das Zelt war stehen geblieben, aber nicht mehr zu sehen. Es lag, als ein letzter Ort der Ruhe und Sicherheit, weit hinter uns. Vor uns, in hellem Licht, wie ein Pfeil, der in den Himmel ragt, der Gipfel, der Größe bedeutet.

Als Odell bei knapp 8000 Meter Höhe angekommen ist, lichtet sich der Nebel.
Der Gipfel wurde klar. Auf einem Schneefeld unter der vorletzten Stufe zur Gipfelpyramide erspähte ich einen schwarzen Punkt, der sich der Felsenstufe näherte. Ein zweiter folgte, während der erste den Vorsprung erkletterte. Leider zog sich der Vorhang wieder zu, sodass ich nicht mehr feststellen konnte, ob der zweite Bergsteiger seinen Gefährten eingeholt hatte.

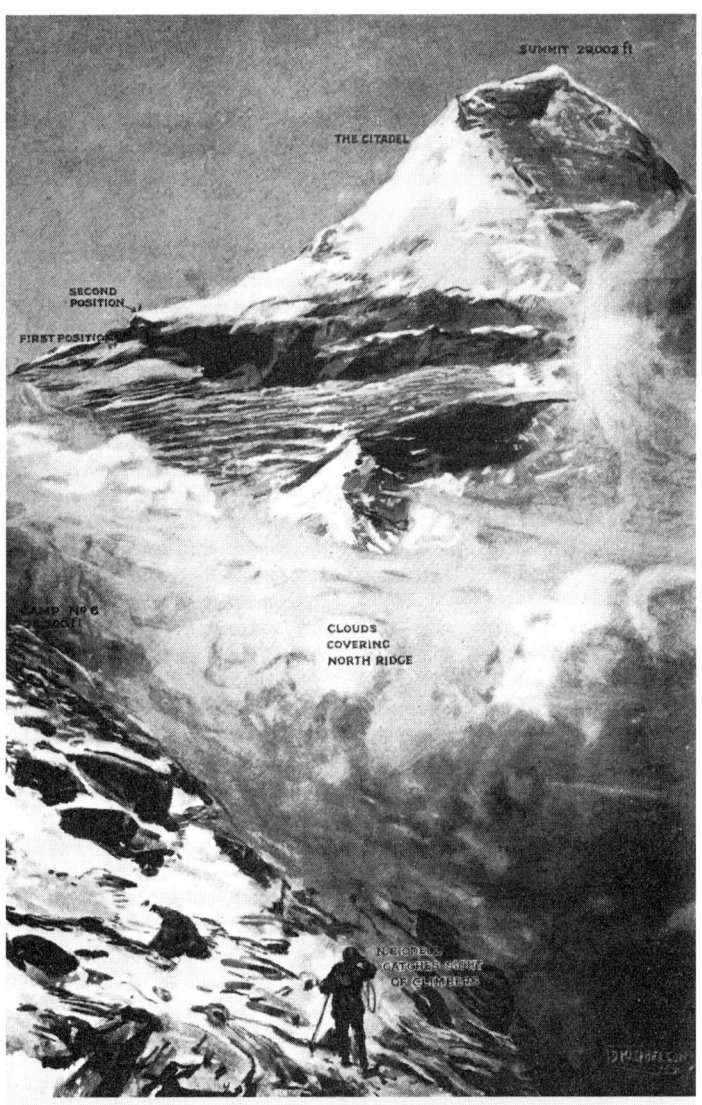

Erinnerungsbild Odells von Mallorys und Irvines Aufstieg

Ich wunderte mich, Mallory und Irvine erst jetzt, um 12 Uhr 50, an dieser Stelle zu erblicken. Ich wusste nicht genau, ob ich die erste Stufe oder die zweite Stufe vor mir hatte. Jedenfalls wollte Mallory planmäßig spätestens um 8 Uhr bei der zweiten Stufe sein. Auf Lichtbildern der Nordflanke vom Standlager aus sieht man die zweite Felsstufe sehr gut. Sie liegt nicht weit vom Fuße der Gipfelpyramide und bezeichnet den Anfang des kurzen, firnbedeckten Schlussteiles des Nordostgrates. Um dieselbe Strecke weiter nach links liegt die erste Stufe. Wegen der Verkürzung von meinem Standpunkt aus konnte ich die Lage des Ortes nicht deutlich ausmachen, doch glaubte ich die zweite Stufe vor mir zu haben. Es kann aber auch sein, dass diese vom näheren Gelände verdeckt wurde. Jedenfalls hatte ich den Eindruck, dass die beiden sich beeilten, wie um verlorene Zeit einzuholen.

Noel Odell war ein blendender Geologe, dazu höhentauglich, ausdauernd und geschickt. Trotzdem bleibt er ein fragwürdiger Zeuge. Wie oft hat er seine Geschichte erzählt, immer wieder anders erzählt, und wie viel von seiner Sichtung war Hoffnung, wie viel Rechtfertigung, wie viel Trost? Die Höhe narrt uns doch alle, und schon aus einer Distanz von einem Kilometer beruhen solche Beobachtungen auf Lichtreflexen. Die Frage ist, was Odell nun wirklich gesehen hat. Mallory und Irvine oder die Geister vom Mount Everest? Und wo hat er sie gesehen? Er hat sich sein ganzes Leben lang nicht eindeutig darauf festlegen können, ob er die winzigen Figuren auf der ersten oder zweiten Stufe wahrgenommen hat. Das spricht für ihn. In solchen Höhen sind Halluzinationen keine Seltenheit, und er hat sich ja gewünscht zu sehen, was er dann gesehen zu haben glaubte.

Im Gegensatz zu Odell, der uns an der ersten oder über der zweiten Stufe durch ein Wolkenloch hätte sehen können, sah ich ihn nicht. Eine Person ist aus dieser Entfernung nur als Silhouette gegen den Hintergrund des Himmels auszumachen, aber nicht, wenn sie verloren in den dunklen Geröllhängen der Mount-Everest-Nordflanke steht. Ihm erschien unser Vorankommen zuerst zwar schneckengleich langsam, dann zu zügig für den Second Step. Wir aber hatten eine schlimme Nacht hinter uns und einen langen Weg vor uns.

Es ist 12 Uhr 50. Der Nebel schiebt sich zwischen den Grat und Odell.

Warum sind sie jetzt erst dort?, fragt er sich. Sie wollten doch morgens gegen 8 Uhr an der zweiten Stufe sein. Gehen sie am Seil? Er kann es aus der Ferne nicht richtig erkennen.

Zwar bewegte sich nur jeweils einer über das anscheinend leichte Gelände, als ich sie sah, aber das genügt nicht, um daraus den Schluss zu ziehen, dass sie angeseilt gingen. Dieser Umstand wird wichtig, wenn man Vermutungen über ihr Schicksal anstellt. Vielleicht sind sie durch den Neuschnee aufgehalten worden, den ich auf den oberen Felsen bemerkte. Für Leute mit schwerem Sauerstoffgepäck bedeuten schneebedeckte Geröllplatten ein sehr langsames Vordringen. Obgleich nicht sehr wahrscheinlich, so ist es doch möglich, dass die Nebelschicht, in der ich steckte, den Aufstieg behinderte.

Als Odell gegen zwei Uhr das Lager VI erreicht, beginnt es zu schneien. Wind kommt auf. Er legt Vorräte ins Zelt und schaut sich um. Innen liegen Kleider, Nahrungsmittel, Sauerstoffflaschen, Teile von Apparaten, im Freien Sauerstoffgeräte und die Duraluminträger, auf die die Stahlflaschen gebunden werden. Alles sieht nach Umbauarbeiten aus. Ob es Schwierigkeiten mit den Geräten gegeben hat?

Andrew machte sich zwar nichts daraus, die halbe Nacht mit Basteln zu verbringen, aber über Lager VI sind Pannen nicht mit Tricks zu lösen. Mit klammen Fingern und schwer atmend in einem Haufen von Teilen und Werkzeugen zu sitzen ist kein Vergnügen. Hier oben war also auch Irvines Hilfestellung beschränkt. Mit einem Schraubenschlüssel und einer Flachzange vermochte er zwar Wunderdinge zu verrichten, aber nicht die zweite Stufe hochzuklettern.

Odell findet keinen Zettel, keine Nachricht. Wann sind die beiden aufgebrochen? Er weiß, im Nebel, bei diesem Wetter, ist das Lager zwischen den Felsen nicht leicht zu finden. Also steigt Odell etwa 60 Meter weit aufwärts, gegen den Gipfel hin. Er pfeift und schreit, um Orientierungshilfe zu geben für den Fall, dass sie in Hörweite sind. Hinter einem Block findet er Schutz vor dem

Schneetreiben, bleibt eine Weile hocken. Er sieht nur noch einige Meter weit. Mallory und Irvine werden umgekehrt sein, denkt er. Sind sie bald in Rufweite?

Als er wieder im Lager VI ist, hat sich das Unwetter gelegt. Die Sonne scheint, der leichte Neuschnee verdunstet, ohne zu schmelzen. Kurz wird die Gipfelregion sichtbar. Von den Bergsteigern aber keine Spur.

Im Zelt können nur zwei Menschen liegen. Odell erinnert sich, dass Mallory ihn ausdrücklich gebeten hat, rechtzeitig zum Nordsattel abzusteigen. Um 16 Uhr 30 verlässt er deshalb das Lager, ohne noch jemanden zu sehen. Er steigt schnell ab.

Zwischen 7560 und 7160 Meter Höhe ist der Schnee hart und das Gelände steil genug für eine flotte Abfahrt, sodass er schon um 18 Uhr 45 auf dem Nordsattel ist. Den langen Weg von Lager IV zum Lager V schafft er so in umgekehrter Richtung in 35 Minuten und stellt bei dieser Gelegenheit fest, dass man den Abstieg kaum beschwerlicher findet als auf mäßigen Bergeshöhen: *Mit den Anstrengungen des Aufstieges lässt sich der Abstieg überhaupt nicht vergleichen. Bergsteiger, die nicht zu Tode erschöpft sind, können daher sehr schnell abwärts gelangen und vor Anbruch der Nacht in den sicheren Hafen einlaufen. Gerade die Fähigkeit zum schnellen Absteigen scheint zu beweisen, dass der an die Höhe gewöhnte Bergsteiger des Sauerstoffes nicht bedarf.*

So eine Abfahrt vom Mount Everest – auf Ski, Schuhen oder Hosenboden – ist eine tolle Sache. Man muss sich dabei nur hüten, in die Steine zur Linken oder auf den Wächtenrand rechts zu geraten.

Wie viele sind inzwischen mit ihren Ski oder Boards an mir vorbeigekeucht: die Ski im Schlepptau, das Board am Rucksack. Aber heruntergefahren ist noch niemand vom Mount Everest. Wie soll einer auch über die zweite Felsstufe springen oder die ewig langen Felshänge queren mit Brettern an den Schuhen? Streckenweise ja, da sind gleitende Untersätze beim Abstieg von Vorteil, doch muss man sie zuerst mal zum Gipfel tragen können.

Wir hatten damals ganz andere Probleme: die Nagelschuhe, die Sauerstoffgeräte und vor allem die Ungewissheit. Der Weg war 1924 noch nicht gefunden und noch weniger markiert, ob mit Fixseilen, leeren Sauerstoffflaschen oder Leichen. Es gab keinen Weg.

Odell kommt ziemlich ausgetrocknet ins Lager IV, und Hazard bringt Tee und Suppe, ausreichend, um den Flüssigkeitsverlust der letzten zwei Tage zu ersetzen.

Sind Mallory und Irvine inzwischen im Lager VI oder V? Bei Einbruch der Dunkelheit gehen Odell und Hazard noch einmal vor das Zelt. Sie schauen nach Zeichen aus. Die Nacht ist hell. Später schimmert Mondlicht, von den Firngipfeln zurückgeworfen, auf der Flanke des Berges.

Nicht alle Himmel, alle Schrecken der Hölle kommen unterm Gipfel zusammen. Wir waren viel zu langsam. Dann die Dunkelheit, der Weg im White-out schon längst verloren. Ob wir am Gipfel waren oder nicht, wen interessierte das noch. Das Zelt mussten wir finden! Zum Zelt müssen alle kommen, wenn sie nicht erfrieren wollen. Kaum noch Orientierungshilfen im letzten Licht, überall klaffende Tiefe. Und diese tote Luft! Auch das Firmament nur noch ein klaffender Abgrund. Das Hallen der letzten Schritte klingt im Sterben wie Wahnsinn, wie das eigene Krächzen auch.

Wir sind zum Everest-Gipfel aufgebrochen, um zu leben, nicht um tot herunterzukommen. Plötzlich war alles unsicher, die Rettung, der nächste Schritt, der andere am Seil. Mehr als verzweifelt tasteten wir uns durch unsere Ängste, und wie ein Ruck kam die Erlösung, der Sturz, das Ende.

Andrew, ich sehe dich nicht mehr, ich falle, sterbe, dachte ich noch. Fällst du mir nach? Ich wollte dir doch meinen Pickel schenken, aber du bist gerutscht oder mitgerissen worden. Oder sind wir beide gefallen? Das Seil! Was ist mit dem Seil? Hängt da nicht ein heller Körper vom Himmel? Du hast zuletzt phantasiert, jetzt bin ich mir manchmal selbst eine Täuschung.

9.6. 1924

Am nächsten Morgen richten Hazard und Odell die Feldstecher auf die Hochlagerzelte: Nichts rührt sich. Gegen Mittag beschließt Odell, auf die Suche zu gehen. Er verabredet mit Hazard einen einfachen Zeichenschlüssel: Bei Tage will er Schlafsäcke auf den Schnee legen, sodass sie bestimmte Figuren bilden, nachts Lichtblitze senden. Mit zwei Trägern bricht Odell mittags auf. Bitterkalte Westwinde jagen über die Hänge. Trotzdem steigt Odell weiter, sucht weiter.

Im Lager V sind die beiden nicht.

Rettet mich niemand? Der Liebling des Himmels, der Frauen, der Bergsteiger ist ein gebrochener Mann, arm und armselig, ein Haufen Knochen und Fleisch, nur noch ein bettelnder Gedanke: Rettet mich!

Niemand hört mich mehr, oder ist meine Stimme tonlos? Bin ich schon in der anderen Welt?

Sicher, von unten können sie mich nicht sehen, auch nicht mit dem Fernglas, bin ich doch auf diesem Felsband liegen geblieben, ohne mich weiterbewegen zu können.

Wenn ich doch sprechen, schreien, gehört werden könnte! Vielleicht kann ich auf Händen und Knien bis zu einem Vorsprung kommen. Winken! Ein bisschen näher ans Zelt kommen und rufen, dass man mich hört. Aber jetzt ist alles so weit, viel zu weit weg für mich. Auch das Leben.

Im Lager V drohen heftige Windstöße die Zelte fortzureißen. Durch die fliegenden Wolkenfetzen hindurch erhascht Odell einen Blick auf den Gipfel des Mount Everest: nur Nacht, Wind und Kälte!

Trotz dicker Kleidung und zwei Schlafsäcken wird Odell nicht recht warm in dieser Nacht.

10.6.
1924

Die Träger, bergkrank, steigen am Morgen ab zum Nordsattel. Odell steigt allein zum Lager VI weiter. Mit Hilfe des Sauerstoffs kommt er gut vorwärts. Von Zeit zu Zeit aber sucht er hinter einem Felsen Schutz, um wieder warm zu werden. Noch vor Lager VI kommt er zu der Einsicht, dass der Sauerstoff wenig nützt: *Ich trug eine einzige Flasche, der ich bisher nur kleine Mengen entnommen hatte. Um nichts unversucht zu lassen, erhöhte ich die Zufuhr und tat längere Atemzüge. Außer einer kaum bemerkbaren Abnahme der Beinmüdigkeit verspürte ich nicht das Geringste. In Anbetracht der Erfahrungen anderer wunderte ich mich sehr darüber. Vielleicht war mir die Anpassung an die sauerstoffarme Höhenluft besonders gut gelungen. Ich drehte das Gas ab, ohne an den bösen Folgen zu leiden, die von der Theorie verlangt werden. Die Flasche einstweilen auf dem Rücken behaltend, ließ ich das lästige Mundstück hängen und kam ebenso gut voran. Wie man hier oben keuchen muss, das würde allerdings auch für geübte Schnellläufer eine neue Offenbarung sein.*

Wie lange dauert mein letztes Röcheln? Ich kann keinen Gedanken fassen, nichts sagen. Von Kälte, Schmerzen und Hoffnungslosigkeit müde geworden, schlafe ich vor lauter Wachen. Wenn sie mich jetzt nicht finden, ist es zu spät, dann besser ein Ende ohne Zeugen und Zeugnisse.

> Das Zelt des Lagers VI ist noch so, wie Odell es verlassen hat. Zwei Tage sind seit dem Gipfelsturm vergangen. Also hocken oder liegen sie irgendwo! Aber wie haben sie diese Nächte im Freien überstehen können? Hier oben stirbt doch ohne Schutz jeder.
> Odell steigt weiter, sucht, schreit, doch der Sturm jagt über den Berg, erstickt alle Laute. Noch nie ist ihm so kalt, so einsam gewesen, noch nie hat er Verlorensein so bitter gespürt. Es ist zu spät.
> Allein ist nichts zu machen, nichts und niemand zu finden. Es bräuchte eine Rettungsmannschaft. Odell steigt zum Lager VI ab. Sein Resümee: *Nachdem ich mich zwei Stunden abgemüht hatte, erkannte ich die Aussichtslosigkeit, in dieser riesigen Steinwüste eine Spur der Vermissten zu entdecken. Nur eine größere Rettungsmannschaft konnte hier planmäßig suchen. In der Gegend, wo ich die beiden zuletzt gesehen hatte, musste man auf ihre Fährten stoßen; aber allein vermochte ich nicht bis zu dieser Stelle des Nordostgrates vorzustoßen, vor allem nicht, weil es schon viel zu spät war.*

Gestern bin ich gestorben, meinen ersten Tod gestorben, und nun kann ich ruhig hier liegen bleiben. In solchen Höhen verwest man ja nicht. Drei Tage lang haben die anderen geschaut und gehofft, gesucht und gewartet. Jetzt dürfen auch sie sicher sein, dass ich bleibe, wo ich bin. Unter einem Himmel, der nur Schwarz und Weiß kennt, beginnt mein Körper zu erstarren und mein Geist zu wachsen.

Mein erstes Leben ist also vorbei. Das war es. Das ist aber nicht alles. Es lebe der Mythos! Jetzt, da ich für alle anderen spurlos verschwunden bin, darf in Tälern und Städten endlich spekuliert werden – und idealisiert. Denn was ist schon ein toter Held ohne hohe Ideale. Irgendetwas muss doch zurückgeblieben sein von einem, der sich verflüchtigt hat über den Wolken.

Es ist der 10. Juni 1924. Das Abenteuer geht zu Ende. Werden wir jemals wissen, ob Mallory und Irvine den Gipfel erreicht haben? Wo sie gestorben sind? Ja, sie sind irgendwo am Berg geblieben, der Professor aus Cambridge und der Student aus Oxford, weit weg. Odell ist vor Schmerz wie gelähmt. Was kann er noch tun, allein, in dieser Höhe, bei dieser Kälte, in diesem Wind?

Odell nimmt zwei Schlafsäcke – die Schlafsäcke, die Mallory und Irvine im Lager VI zurückgelassen haben – und legt sie auf einem Schneefleck aus. Von unten beobachtet Noel durch seine Kamera zwei kleine schwarze Striche; sie bilden ein T. Das bedeutet: *Nichts gefunden.* Als Antwort lässt Norton drei Decken in Kreuzform auslegen: *Brecht die Suche ab.* In der Ferne liegt die Botschaft, liegt Endgültigkeit. Es sind die Zeichen, dass Mallory und Irvine tot sind.

Odell nimmt Mallorys Kompass und den Sauerstoffatmer, den Irvine gebaut hat, an sich und schließt das Zelt. Die Wolken jagen über den Berg, der Gipfel ist einmal frei, dann wieder verdeckt. Sind Mallory und Irvine ihm zu nahe gekommen? Hat ihnen der Mut zur Umkehr gefehlt? In dieser Welt, einer Welt für sich, gibt es nur klare Antworten: Sie sind gestorben; das allein ist sicher.

Hatten wir das Heiligtum geschändet?, fragt sich Odell später. *Wer sich dem Everest-Gipfel anbetend nähert, den packt es mit unwiderstehlicher Gewalt,* ist seine Antwort. *Er muss die höchste und heiligste Opferstelle erreichen. Warum säumten die Freunde, wenn sie nicht verzaubert waren?*

Später, am Nordsattel, im Lager III und im Basislager kommen tausend weitere Fragen, aber alle Antworten zu spät. Mallory hat mit seinem Streben und Sterben am höchsten Berg der Welt die Zeit aufgehoben und einen Mythos geschaffen: Er selbst war sich das Ziel. Ob er das so wollte oder nicht, spielt keine Rolle.

Der Typ des kühnen, vor keinem Rückschlag kapitulierenden Tatmenschen, des Menschen, der selbst unmöglich Scheinendes wagt, der sein Leben und das seiner Partner riskiert und nicht eher aufgibt, bis er sein Ziel erreicht und dabei umkommt, ist die Allegorie, die Mallory unsterblich gemacht hat.

Irvine war Gefährte, nicht Führer. Mallory hingegen, der 20 Jahre Bergerfahrung hat, bestimmt von Anfang an

wie selbstverständlich das Geschehen am Berg – er ist
der Leader. *Ein purer Zufall war es, dass ich im Jahre
1904 einen jungen Burschen in die Berge führte, der sich
am Everest so auszeichnen sollte,* erzählt Mallorys Berg-
kamerad R. L. G. Irving später, der in diesem zuerst
einen *Bergjünger,* dann seinen besten Schüler gesehen
hat. Mallory ist zu dieser Zeit ein guter Sportler, vor
allem ein brillanter Turner gewesen. Auf dem ersten gemeinsam bestiegenen Alpengipfel, dem Mont Vélan,
wird Mallory in einer Höhe von kaum 3500 Metern
prompt bergkrank – trotzdem, sein Talent ist entdeckt.
*Als Kletterer war er prachtvoll, er hatte eine derart gute
Gleichgewichtsbeherrschung, dass er jede Bewegung mit
einem Minimum an Kraftaufwand ausführen konnte. Was
G. W. Young in einer Würdigung Franz Lochmatters, dieses anerkannten Königs der Führer, sagte:* »Ich sah ihn
nie sich plagen«, *hätte man auch von Mallory behaupten
können. Sein Bergsteigen war künstlerische Betätigung in
höchster Vollendung. Es gibt niemand, der berufener
wäre, über die Everestexpedition zu urteilen als Colonel E.
F. Norton. Und nach Nortons Meinung war Mallory der ge-
waltigste Gegner, den der Everest je hatte – und wahrscheinlich je gehabt haben wird.*
Diese über Jahrhunderte reichende Symbolik ist nur mit
Mallorys Tod möglich geworden – ein lebender Bergsteiger hätte die Erfahrung vom Sieg oder vom Scheitern
mitgebracht. Und auch wenn diese nur für die zweite
Hälfte seines Lebens Geltung gehabt hätte, sie wäre der
Tod seines Heldentums gewesen.

**13.6.
1924**

Am 13. Juni sind alle im Standlager. Die Lasttiere kommen, und man baut ein Ehrenmal aus Steinen und Felsplatten mit den Namen der Toten.
Ein kurzer Hochsommer ist ins Tal unter dem großen
Berg gekommen, die Hügel sind zartgrün und Schmet-
terlinge in der sonnigen Luft. Vögel haben ihre Nester
zwischen den Steinen. Die Welt ist plötzlich voller Stimmen.

15.6.
1924

Am 15. Juni verlässt das letzte Lasttier das Lager. Einsamkeit, Schweigen, Harmonie bleiben zurück.
Hoch oben am Mount Everest beginnt sich Mallorys Körper unter dem Monsunschnee zu verändern, auf dass er erhalten bleibt, wie er war.

Ich wollte ja nicht gefriergetrocknet wieder auftauchen, nicht mumifiziert wie Ötzi, sondern als Marmorleiche, unversehrt wie ein griechischer Gott. Ich weiß, die Fachleute werden meine sterbliche Hülle als »Fettwachsleiche« bezeichnen, ein degoutanter Ausdruck für einen Mann, der im Salon der Virginia Woolf verkehrte und in den homoerotischen Phantasien seiner Zeitgenossen. Zugedeckt vom Monsunschnee bildete sich in wenigen Monaten jene Außenschicht, die meinen Körper für den Rest aller Zeiten konserviert.

Sieht es nicht so aus, als hätte ich wenigstens beim Sterben alles richtig gemacht? Den idealen Zeitpunkt gewählt, den passenden Ort sowie eine gewisse Ästhetik der Konservierung. Weder Wind noch Frost können meinen Körper heute verändern. Form und Körpergewicht bleiben erhalten – wie bei einem Marmorstandbild.

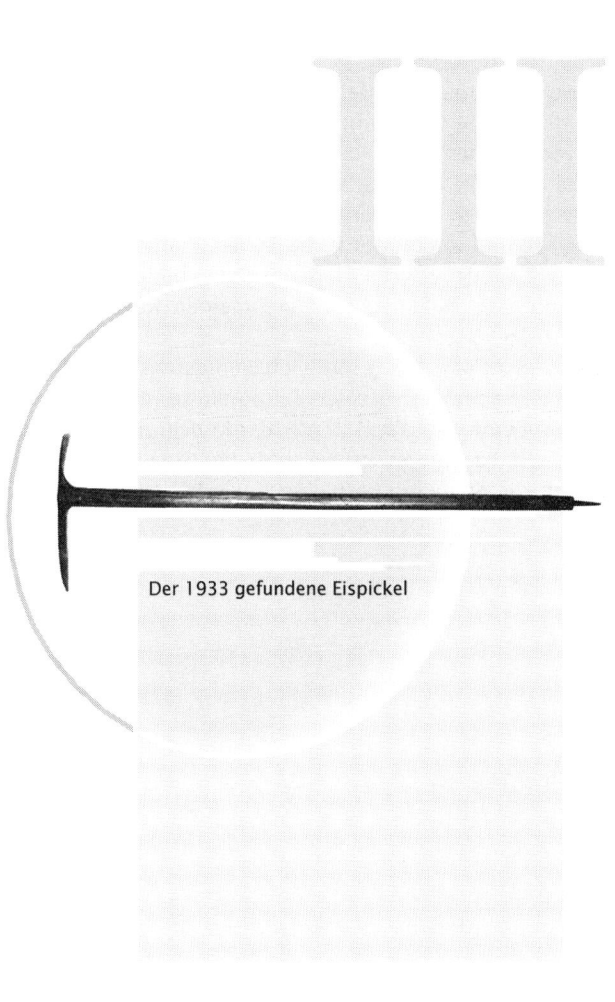

Der 1933 gefundene Eispickel

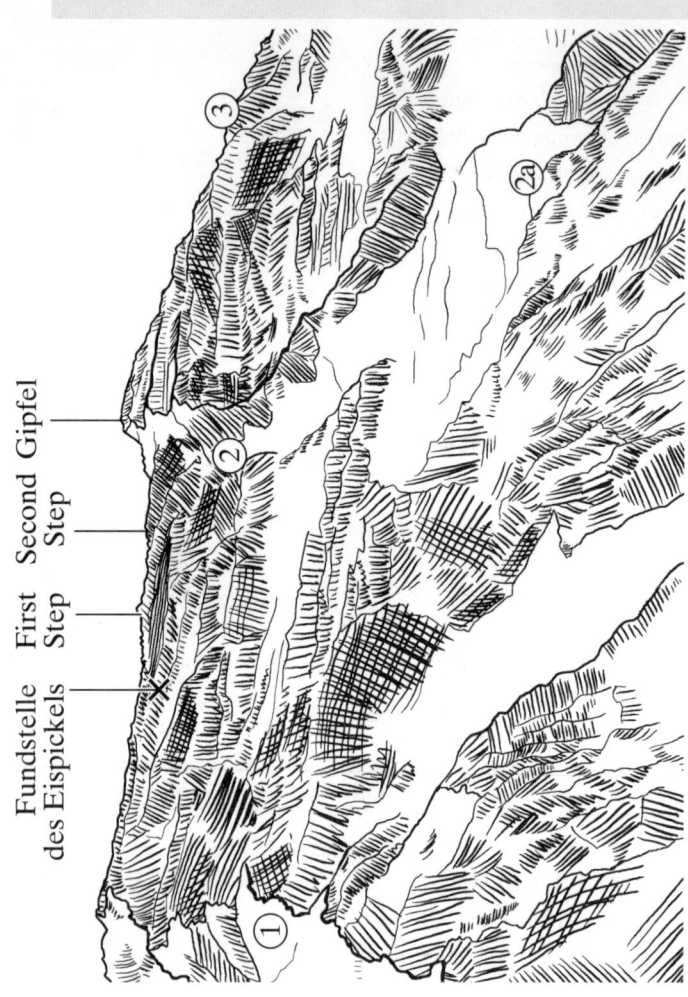

Fundstelle
des Eispickels

First
Step

Second Gipfel
Step

① ② ③

②a

Die Stelle, an der Wyn Harris und Wager 1933 den Eispickel fanden

Die Nordflanke des Mount
Everest:
1 Nordgrat
2 Norton-Couloir
2a Großes Couloir
3 Westgrat

» Die Frage, ob der Mount Everest bezwungen ist, bleibt unbeantwortet, weil sichere Beweise fehlen. Überdenkt man jedoch alle Möglichkeiten, so ergibt sich die große Wahrscheinlichkeit, dass Mallory und Irvine

1933

Eispickel herrenlos

auf dem höchsten Gipfel der Erde gestanden haben. «

Noel E. Odell

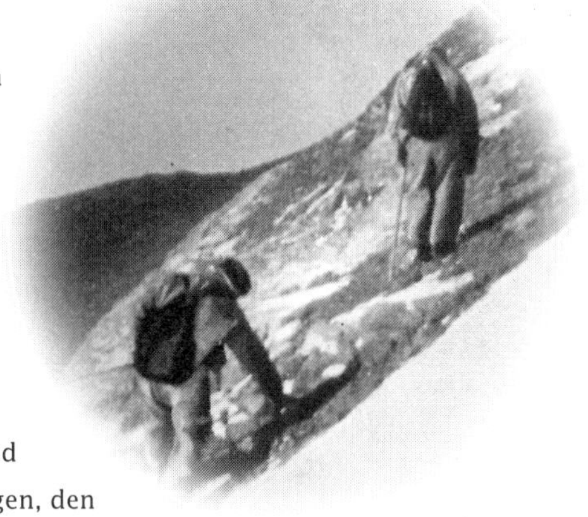

Wyn Harris und Wager oberhalb von Lager VI

» Wyn Harris und Wager beabsichtigen, den Kamm des Grates zu erreichen, und nach Mallorys Vorschlag an ihm entlang zur Endpyramide zu klettern und über diese zur Spitze, 480 Meter über ihrem Lager und etwa 2,2 Kilometer entfernt. «

Sir Francis Younghusband

» Ich stelle ohne Zögern fest, dass die Versuche, den Mount Everest zu ersteigen, fortgesetzt werden. Wir können das Werk nicht unvollendet lassen. «

Hugh Ruttledge

Die Gipfelpyramide des Mount Everest, von etwa 8300 Meter gesehen

1 Aufstiegsroute über die Platten des Gelben Bandes
2 Hier erreicht Wager den Grat
3 Fundstelle des Eispickels (1933)
4 First Step
5 Second Step
6 Höchster 1924 und 1933 erreichter Punkt (8565 Meter)
7 Das große Couloir

3.4.
1933

Als 1933 die Houston-Expedition am 3. und 19. April in einer Westland den Everest-Gipfel überfliegt, ist das ein großer Erfolg der englischen Flugzeugindustrie, aber keine »Eroberung des Everest«.

19.4.
1933

Das Problem Everest mit all seinen menschlichen, bergsteigerischen und wissenschaftlichen Rätseln bleibt. Auch die Fragen nach Mallory und Irvine können mit einem Blick von oben nicht beantwortet werden.

Wie ein glänzender Vogel schießt die Maschine über den Nordostgrat, dreht und ist gleich wieder verschwunden. Trotzdem, sie hätten mich sehen müssen! Ich liege ja immer noch da, allein und verwahrlost, mehr als allein. Aber sie rasen zurück auf die Erde und kommen nicht wieder, feiern ihren Triumph und lassen mich mit meiner unermesslichen Einsamkeit allein.
Nein, nichts gesehen, auch auf den Bildern ist nichts zu sehen. Endgültig abgedreht, als wäre ich unbekannt, nie da gewesen. Und sie fliegen nach Hause und begreifen nichts, den Tod nicht und das Leben nicht. Irgendwo muss ich doch sein. Aber für die Flieger bin ich nicht mehr, und in den Zeitungen drucken sie nur Bilder des Mount Everest aus der Luft. Diese Flieger haben mir die Show gestohlen, für ein paar Wochen das Dasein genommen.

Neun Jahre hat es gedauert, bis der Dalai-Lama die Genehmigung für eine neue Everest-Expedition erteilt. Die Teilnehmer der früheren Expeditionen sind tot oder zu alt, eine junge, starke Mannschaft wird zusammengestellt. Das Basislager und die ersten vier Hochlager werden an den üblichen Stellen errichtet.
1933 aber ist ein schlimmes Jahr am Mount Everest. Der Expeditionsleiter Hugh Ruttledge: *Es stürzte sich etwas auf uns wie ein mächtiger Kältestrom.* Jeder Schritt den Everest aufwärts ist ein Kampf gegen Sturm, Kälte, Qual. Die Augen schmerzen trotz Schneebrillen, die Glieder sind immerzu taub. Am schlimmsten ist die Kälte, die eisige Luft, die in die Lungen schießt.

Am 26. Mai wird ein Plan ausgearbeitet.

26.5.
1933

Wyn Harris und Wager am Mount Everest

**28.5.
1933**

Am 28. Mai kommt Hoffnung auf. Hat die Gutwetterzeit vor dem Monsun begonnen? Wyn Harris und Wager brechen vom Nordsattel auf, an der Spitze einer Bergsteigergruppe und mit zwölf Trägern, die von ihnen »Tiger« genannt werden.

Für eine Nacht bleiben sie im Lager V, kochen heiße Getränke und füllen die Thermosflaschen für das Frühstück am nächsten Tag.

**29.5.
1933**

Die Frage, ob die Träger weiter wollen, stellen sich nur die Briten. Die Sache ist ja schon einmal gemacht worden, warum sollen sie es nicht wieder versuchen?

Acht »Tiger« erklären sich bereit weiterzugehen. Aufbruch um 8 Uhr. Wyn Harris und Wager steigen voraus. 50 Minuten steigen, zehn Minuten Pause. So schaffen sie im Schnitt 120 Meter Höhenunterschied in der Stunde.

In 8357 Meter Höhe wird eine Plattform gebaut und das kleine Zelt, 2 Meter 10 lang und 1 Meter 20 breit, so gut wie möglich verankert. Vier Schlafsäcke und Lebensmittel für vier Tage kommen hinein, dazu Kochgefäße und Brenner.

Das Lager VI steht inmitten steiler, plattiger Abhänge. Nur Wyn Harris und Wager bleiben dort. Plötzlich aber bricht ein Schneesturm los. Der Wind heult, Schneekörner fliegen aus blendenden Wolken waagrecht auf die Zeltwand. Keine gute Nacht!

Respekt, die beiden werden nach dieser miserablen Nacht noch vor 6 Uhr losgehen und Wyn Harris wird jene Eisaxt finden, die sie dann erst beim Abstieg mitnehmen. Als wäre das nicht das Wertvollste, was sie am Ende von ihrer Expedition mitbringen sollten: ein blitzblanker Eispickel der Marke »Willisch Täsch«! Er hätte ja auch mir gehört haben können!

Zwischen Auf- und Abstieg erkennen sie nichts als das, was ich auch schon erkannt hatte: die erste Stufe als doppelhöckrigen Felsbuckel, die zweite unmöglich, dazwischen der Grat, schmal und schwierig. Auch sie queren also am oberen Rand des Gelben Bandes entlang nach Westen und kommen bis ins Norton-Couloir. Als wären dort auch sie am Ende des Menschenmöglichen, kehren sie um, wie Norton vor und Smythe nach ihnen. Den Eispickel, der nur einer der unseren sein kann, nehmen sie im Abstieg mit, als eine Art Trophäe einer heroischen Zeit.

**30.5.
1933**

Nein, Wyn Harris und Wager haben keinen guten Start. Kein Schlaf, kein Appetit und großer Durst sind keine guten Voraussetzungen. Eine ganze Stunde lang schmelzen sie Schnee über dem Kocher. Dann müssen die hart gefrorenen Stiefel über einem zweiten Kocher aufgetaut werden. Die Besteigung des Everest-Gipfels kann beginnen.

Ihre Kleidung ist die damals übliche: ein Shetland-Wams, ein dickes Flanellhemd, ein Kamelhaar-Sweater, sechs leichte Shetland-Pullover, zwei lange Shetland-Unterhosen, Flanellhosen und darüber ein halbseidener Grenfell-Windanzug. Der Kopf ist geschützt durch eine leichte Balaclava-Kappe, über die eine Grenfell-Leinenkappe gezogen wird. Als Fußbekleidung kommen vier Paar Shetland-Strümpfe übereinander. Die großen Bergschuhe sind nur leicht benagelt, aber doch ausreichend, um auf den steilen Hängen noch fest zu fassen. An den Händen tragen sie wollene, fingerlose Handschuhe, darüber ein weiteres Paar aus südafrikanischem Lammfell.

Die Bergsteiger versuchen, wie ihre Vorgänger, zum Kamm zu kommen und diesen entlang zu klettern. Da die Sonne auf der Nordseite noch nicht scheint, leiden sie während der ersten Stunde sehr unter der Kälte. Durch die Hyperventilation, das durch den Sauerstoffmangel in dieser Höhenlage verursachte Keuchen, verlieren sie so rasch Körperwärme, dass bei beiden bald Anzeichen von Erfrierungen zu erkennen sind.

Trotzdem versuchen sie den Kamm des Grates zu erreichen und nach Mallorys Plan an ihm entlang zur Gipfelpyramide zu steigen. Der Gipfel ist noch 480 Höhenmeter und 2,2 Kilometer vom letzten Lager entfernt.

Als die ersten kalten Sonnenstrahlen sie treffen, bleibt Wyn Harris, der vorausgeht, kurz stehen. Liegt da nicht ein Eispickel auf dem schrägen Felsband vor ihm? Ja, er geht hin, hebt ihn auf, hält ihn prüfend in seiner Rechten. Dieser Pickel kann nur Mallory oder Irvine gehört haben, denken beide, als Wager nachgekommen ist. Stehen sie also am Ort der Tragödie von 1924? Sie schauen sich an, sehen sich um, prüfen die Umgebung auf der Suche nach weiteren Zeichen, nach Sauerstoffflaschen, die nicht verrotten, toten Körpern, einem zweiten Pickel. Nichts.

Weiter geworfen, viel tiefer liegend, sieht man mich nicht. Zum Glück! So liege ich, immer noch das Seil um den Bauch, auf dem Schutt und sehe, schon ohne Gesicht, nur noch mich selbst. Aber wie lange noch? Mit diesem losen Seil in der Hand und im Wechsel der Jahreszeiten! Ein Sturz oder der Moder nur könnten mich jetzt retten: das Rätsel, den Mythos Mallory.

Wyn Harris und Wager lassen den Eispickel liegen. Vielleicht bringt er Unglück, und sie können ihn ja beim Abstieg mitnehmen. Beim Abstieg vom Gipfel!
Also weiter! Der First Step, zwei breite Felstürme auf dem Grat, wird rechts umgangen, aber auch dahinter, gipfelwärts, sieht der Nordostgrat schwierig aus. Das Vorankommen ist viel zu zeitaufwendig. Wer hätte das ahnen können?
Ich! Aber mich fragt ja niemand, und es gibt schließlich keinen Bericht von unserem Scheitern.
Wyn Harris und Wager folgen zuletzt jener Route die Bergflanke entlang, die Norton und Somervell neun Jahre vor ihnen eingeschlagen haben. Auch dieser Weg ist sowohl schwierig als auch gefährlich: schneebedeckte Bänder, plattige Felsen, die wie die Dachziegel eines

Typische Felsstruktur in der Everest-Nordflanke, dahinter die Gipfelpyramide

Hauses geschichtet sind. Darunter ein senkrechter Absatz und endlose Tiefe. Ein Sturz würde 3000 Meter tiefer auf dem Gletscher enden. Hinter einer Ecke sehen sie ein großes Schneecouloir, das von der Gipfelpyramide herunterkommt. Auch hier Pulverschnee.
Um 12 Uhr 30, 300 Meter unterhalb des Gipfels, geben sie auf. Sie brauchen Zeit für den Abstieg. Im Lager VI, das sie um 16 Uhr erreichen, sind Smythe und Shipton angekommen, denen sie den Eispickel der Helden von 1924 zeigen wie eine Trophäe.

Der herrenlose Eispickel kommt natürlich nach England, wird wie eine Reliquie ausgestellt, zur Schau gestellt. Er landet wie mein Bild beim Alpine Club in London. Dort bleibt er.
So geschehen Taten, Tragödien und Zufälle eben doch nicht zufällig. Langsam, aber unaufhaltsam werden Vermutungen zu Ereignissen, und neues Leben wächst uns Toten zu. Wie Blut in den Organen kreisen die Hoffnungen von Millionen im Unsichtbaren. Sie fließen am Ende aller Recherchen als Wünsche ein in den Mythos. Und manche dieser Wünsche werden Jahrhunderte alt. So bekommen die Lebenden ihre Mythen, ich die Unsterblichkeit.
Wenn das kein Gewinn ist!

Nach dem Eispickel der verschollenen Seilschaft Mallory/Irvine findet man nichts mehr. Obwohl es nur 500 Höhenmeter sind vom letzten Lager zum Gipfel, gelangt man schließlich zum gleichen Ergebnis wie Norton: Der Grat ist wegen der zweiten Stufe ungangbar. Auf den Bändern der Nordflanke kommen Harris und Wager etwa zur gleichen Stelle wie Norton 1924. Auch Frank S. Smythe und Eric E. Shipton kommen danach kaum höher.

Natürlich spielt er eine wichtige Rolle, der Eispickel, den Wyn Harris 1933 gefunden hat. Warum untersucht ihn denn niemand nach Hautpartikeln, Haarrissen oder anderen Schäden? Ist er hingeworfen oder hingelegt worden? Ist sogar einer von uns beiden auf ihn gefallen, als er stürzte? Alles ist denkbar, nichts bewiesen. Außer, dass der Unfall dort seinem fatalen Ende entgegengetrieben sein muss.
Wie rasch doch ein müder Bergsteiger ausrutschen und

stürzen kann! Noch dazu bei schlechter Sicht! Oder war der letzte Versuch Mallorys, im anbrechenden Monsun, noch dazu mit einem Anfänger am Seil, nichts als ein Fehlstart gewesen? Sind die beiden so spät losgegangen, dass sie schon bald umkehren mussten?

1.6.
1933

Am 1. Juni brechen Smythe und Shipton im höchsten Lager auf. Shipton kehrt wegen starker Magenbeschwerden bald zum Lager VI zurück. Smythe geht allein weiter und ist um 10 Uhr an der Stelle, wo Wyn Harris und Wager umkehrten und neun Jahre vor ihnen Norton aufgegeben hat. Neuschnee, schlechte Verhältnisse, dachziegelartige Kalkplatten, die Höhe und der Sauerstoffmangel zwingen auch ihn, einen der besten englischen Bergsteiger, zum Rückzug. Diese Blutleere im Gehirn! Sie haben diesmal ja keine Sauerstoffgeräte dabei. Der einsame Mann ist Halluzinationen ausgesetzt, hat ständig die Vision, mit einem Zweiten durch das Seil verbunden zu sein. Dabei das paradoxe Gefühl, dieser Andere würde ihn halten, falls er stürzte. Am höchsten Punkt, 8572 Meter über dem Meeresspiegel, teilt er ein Biskuit in zwei Hälften, dreht sich um – und es ist ein Schock für ihn, dass niemand da ist, dem er den zweiten Teil anbieten kann. Erst beim Abstieg, kurz vor Lager VI, reißt die Verbindung mit »dem Anderen« ab. Smythe fühlt sich plötzlich allein und miserabel, trotz seines Rekordes.

Wozu diese ewigen Rekorde? »Höhenweltrekord« 1922, 1924, 1933. 1933 dann auch noch ein »Zeltrekord«, das höchste Lager, in dem Menschen je genächtigt haben. Gewartet wird dort oben, nicht geschlafen, gewartet auf den Morgen, auf die Chance, zum Gipfel zu kommen. Als hätte man nicht gewusst, dass es von Norden nicht geht. Der Second Step ist mit Nagelschuhen unmöglich und der Weg über das Norton-Couloir zu lang. Wozu dann all diese Versuche? Sie sind doch alle gescheitert!
Vielleicht mir zuliebe? Mir bringen sie Abwechslung, und es würzt meine Laune, wenn wieder einmal jemand vorbeisteigt. Keine Lage ist so ungesund wie ständig die gleiche. Am Seil von Smythe, der nicht so schwindelfrei ist, wie alle denken, zerre ich aber nicht. Was hätte ich davon, wenn auch er unten läge wie Irvine oder wartete wie ich? Das Nachsehen!

IV

Nach Edmund Hillary benannte Straße in Neuseeland

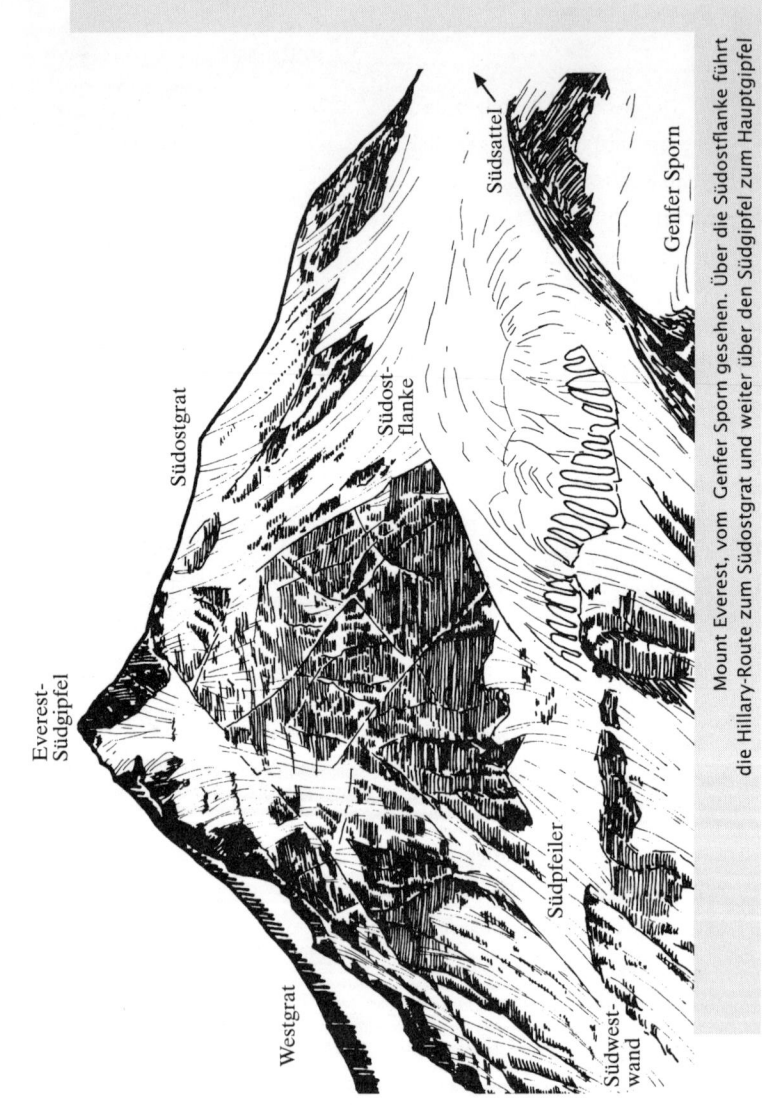

Mount Everest, vom Genfer Sporn gesehen. Über die Südostflanke führt die Hillary-Route zum Südostgrat und weiter über den Südgipfel zum Hauptgipfel

>> Der wirkliche Besteiger des Everest wird in dem Augenblick, wenn er tatsächlich auf dem Gipfel steht, weder an den erworbenen Ruhm denken noch auf

Aufstieg von Süden

1953

sich stolz sein. Infolge des Bedürfnisses nach Sauerstoff ist er gar nicht imstande, irgendetwas zu fühlen, er wird vielmehr alle seine restlichen Kräfte brauchen, damit sie ihm unwillkürlich den Abstieg ermöglichen. Ist er aber wieder unten in Seehöhe, was kann er wohl sonst wollen, als sich darüber zu freuen, dass es ihm gelang, die Früchte der Unternehmungen zu pflücken, die seine Vorgänger für ihn vorbereiteten, und dass es ihm als Vertreter der Menschheit gelang, den Berggipfel unter seinen Fuß zu bekommen? <<

Sir Francis Younghusband

Edmund Hillary (rechts) und Tensing Norgay, die Erstbesteiger des Mount Everest

>> In meinem Herzen rast die Sehnsucht nach der Welt. Ihr seht nach Westen. Ich will nach Osten. Geht zurück, wenn ihr könnt. Ich gehe zurück, wenn ich will. <<

Arnolt Bronnen

Der Südostgrat des Mount Everest, vom Südgipfel gesehen

26.5.
1953

20 Jahre später steht ein Zelt noch ein Stück weiter oben als das letzte Lager 1933. Allerdings steht es auf der anderen Seite des Berges, in Nepal.

Dass das oberste Lager auf 8504 Meter errichtet wird, ist der Schlüssel zum Erfolg und, wie Hunt feststellt, *die höchste Bewährungsprobe für die Hilfstrupps*. An zwei Tagen, am 26. und 28. Mai, *sind Aufgaben und Einsatz der Sherpas und Sahibs nicht komplementär, sondern identisch*.

Die britische Mannschaft mit John Hunt als Chef kommt von Süden. Sie steigt von Nepal, nicht von Tibet Richtung Gipfel. Mit im Team sind auch der Neuseeländer Edmund Hillary und Tensing Norgay. Neun Teilnehmer der Mannschaft kommen bis auf den Südsattel, drei von ihnen zweimal. Von den neun schaffen es sieben bis 8200 Meter Höhe, vier ersteigen den 8760 Meter hohen Südgipfel. Von den 27 Sherpas steigen 19 bis zum Südsattel, sechs von ihnen zweimal.

28.5.
1953

Weil Bourdillon und Evans am 26. Mai am Südgipfel gescheitert sind, entsteht ein Gratlager auf 8504 Meter Höhe, wo Hillary und Tensing mit Schlafsauerstoff eine relativ gute Nacht verbringen. Wilfried Noyce erklärt, warum die Gipfelseilschaft Evans/Bourdillon umkehren musste: *Der Nebel wob geheimnisvolle Schleier. Vor ihnen erhob sich der Gipfelgrat, von dem wir alle so gern gewusst hätten, wie er aussah. Das letzte Stück machte einen ziemlich abschreckenden Eindruck. Gegen links kamen, nach einem schmalen Schneestreifen, die Felsen, die 2000 Meter ins Westbecken abstürzen. Rechts hingen große Wächten über der noch steileren Wand, die sich aus dem Kangshung-Gletscher erhebt, der 3650 Meter tiefer dahinfließt. Dieses letzte Stück kam ihnen zu lang vor, auch wenn man nicht mit einer perspektivischen Verkürzung rechnete, die den höchsten Punkt näher erscheinen ließ, als er in Wirklichkeit war. Evans dachte, dass man die Hindernisse ohne langen Aufenthalt nicht überwinden könne. Dazu und für den Abstieg reichte der Sauerstoff aber nicht. Klugheit riet zur Umkehr.*

Nun sind Hillary und Tensing an der Reihe.

29.5.
1953

Am 29. Mai sind die beiden um 6 Uhr 30 vor dem Zelt, um 9 Uhr am Südgipfel, um 11 Uhr an der letzten Steilstufe. An Tensings Atemmaske hängen Eiszapfen.
Hillary schaut nach oben. Das Wegstück vor ihm sieht schwierig aus. Der Standplatz ist schmal, und sein Blick fällt direkt ins Westbecken, wo das Lager IV steht. Tensing sichert. Hillary kratzt Handlöcher in den Eiswulst, der an der letzten Felsstufe hängt. Nur hier können sie noch scheitern. Zum Glück ist das Wetter gut: kein Wind, kaum Wolken, guter Firn. Beste Verhältnisse.

Eine selbstverständliche Höflichkeit von mir! Da ich auf der Route von 1953 selbst das Vergnügen gehabt hätte, den Gipfel zu erreichen und die Notizen vom Erfolg ins Tal zu bringen, war da keine Eifersucht.
Was ist schon dieser Hillary-Step gegen den Second Step? Ein Spaziergang! Nein, dieser letzte Felsabbruch am Südostgrat hätte auch mich nicht aufgehalten. Vorausgesetzt natürlich, wir hätten 1924 einen Weg durch die Eisbrüche am Fuß des Berges gefunden, die schwieriger sind als alle Hindernisse an der Nordflanke. Lediglich im Gipfelbereich ist der Weg von Süden viel leichter als meine Route von Norden.

Um besser zu sehen, schiebt Hillary die Schneebrille auf die Stirn. Sogleich blenden ihn die Sonne und wirbelnde Eiskristalle. Ein leichter Wind weht jetzt. Er zieht die Brille wieder herunter. Mit tränenden Augen steht er da, blinzelt und überklettert eine letzte Mulde am Fuß der Steilwand.
Hillary schaut nach links. Ist eine Umgehung möglich? Nein. Rechts kragt die Wächte über den Abgrund, dahinter nur Leere. Gegen oben, gegen unten. Das Eis über ihm hat sich vom Fels gelöst und einen senkrechten Riss gebildet. Der Spalt ist breit genug, um in ihm hochzuklettern. Nicht ganz davon überzeugt, den Riss bewältigen zu können, fotografiert Hillary aus seiner Position noch den höchsten erreichten Punkt, bevor er losklettert. Sauerstoffvorrat haben sie noch für dreieinhalb Stunden. Also doch ein Versuch. Es beginnt ein möglicher, wenn auch heikler Anstieg. Der Gipfel ist nahe und ein Risiko wert.

Wenig Spielraum für einen entkräfteten Mann! Muss ich ihn warnen? In dieser Höhe die Brille abzunehmen oder zu rutschen bedeutet das Ende. Ich weiß, wovon ich rede, und ich will ja schließlich keinen Konkurrenten. Seit Juni 1924, der Stunde meiner zweiten Geburt vor knapp 29 Jahren, bin ich der Held vom Mount Everest, und ich will es auch bleiben. Soll Hillary mit seinem Sherpa ruhig den Gipfel erreichen, den Ruhm ernten, der Erste gewesen zu sein, nur verschwinden darf er mir nicht.

Hoffentlich gibt er bald das Zeichen, dass er auf dem Gipfel des Mount Everest angekommen ist, 8846 Meter hoch. Der Eispickel mit der Fahne, zwei Meter darüber nur, ist das richtige Signal, ein Symbol, das von Darjeeling bis Pokhara, von Lhasa bis Katmandu leuchten wird. Und hoffen wir, dass ihre Hände nicht erfroren sind, dass der Sturm sie nicht umbläst, dass sie da oben gestikulieren können und der Fotoapparat nicht klemmt. Bei 30 Grad unter null ist alles möglich.

Sie müssen wieder herunterkommen und Beweise haben, ein besiegeltes Schicksal. Nicht auszudenken, wenn zwei weitere geschlagene Geister über Felswände und Eisgrate wehen würden. Ich lebe schließlich von der Einmaligkeit meines Schicksals, und nur mein Verlorengegangensein macht mich einzigartig.

Wie Millionen Fans bete ich um das Heil von Hillary und Tensing, denn sie bedeuten eine ernste Gefahr für mich: das Risiko, mein Schicksal teilen zu müssen.

> An der felsigen Seite des Risses sind ein paar Griffe, die Eiswand rechts ist stabil. Hillary wendet sich den Felsen zu und drückt eines der Steigeisen ins Eis hinter sich. Stemmtechnik! Die Sauerstoffkraxe ans Eis gelehnt, schiebt er sich hoch. Tastend, von Leiste zu Leiste greifend, kommt er voran. Zentimeterweise. Er ringt nach Atem. Im Hintergrund das Gespenst der Wächte, die Angst. Die Nerven gespannt, langsam, ganz langsam drückt er sich aufwärts, sich windend, spreizend, hoffend. Endlich schwingt er sich auf die Oberkante der zwölf Meter hohen Stufe. Gerettet. Das Seil spannt sich. Tensing ruft. Hillary liegt keuchend im Schnee. Die letzte Felsstufe ist überwunden, alle Angst und Müdigkeit und Schwäche vergessen. Was soll sie noch aufhalten? Mehr als 8800 Meter liegen unter ihnen. Vor ihnen nur noch ein flacher Schneegrat. Hillary ist sich plötzlich des »Sieges« gewiss.

Als Hillary wieder regelmäßig atmet, steht er auf und winkt Tensing, er solle nachkommen. Der Sherpa zwängt sich in den Kamin, während Hillary das Seil einzieht. Dann gehen die Männer gleichzeitig. Der Grat steigt schlangengleich empor, mit jeder Biegung die nächste verdeckend. Wo ist der Gipfel? Hinter jeder Welle eine neue, nach jedem Schritt eine Rast.

Solange eine Gipfelbesteigung provisorisch bleibt, wirkt sie wie eine Droge, die man nicht greifbar hat. Am Gipfel selbst aber wird man nicht alt, denke ich. Einmal oben, verliert sogar der Gipfel des Mount Everest seine ohnedies bescheidenen Reize. Als ob plötzlich nur noch das Unten zählt.

In äußerster Ausgesetztheit steigen sie zwischen ungeheuren Wächten, die zur Rechten wie Riesenbalkone über dem mehr als 3000 Meter tiefen Abgrund der Kangshung-Flanke ins Leere ragen, und dem felsigen Steilausbruch der Südwestwand an. Es ist, als fresse die Endlosigkeit alle Zuversicht auf. Buckel folgt auf Buckel, und plötzlich stehen sie auf dem letzten Grataufschwung. Vor ihnen nur Abgrund und die Weiten Tibets.

Unbesteigbar, soll Hillary gesagt haben, als er vom Gipfelgrat auf den Nordostgrat hinabschaute. Allzu viel aber kann er dabei nicht gesehen haben! Ein paar sich überlappende Wächtengrate und Tiefe allerorten. Den Second Step sieht keiner vom Gipfel aus, und nur dieser war 1924 »unmöglich« gewesen.

Der Grat mit den geschwungenen Wächten senkt sich ostwärts. In der Ferne Dunst, die pastellfarbenen Hügelketten des tibetischen Hochlands und ungezählte Schäfchenwolken darüber.

Da stehen Hillary und Tensing gegen die schwarze Wand des Himmels und fuchteln mit den Händen, als wollten sie der ganzen Welt zeigen, was sie für diese Welt getan haben. Genauso wie Monate später vor der Königlichen Geographischen Gesellschaft in London stehen sie über allem: Völker unter ihren Füßen, Religionen und tote Vorläufer. Lassen wir ihnen den kurzen Rausch des »Sieges« über die Vernunft, das Erwachen wird bitter. Unsicher über die nächsten Minuten, Stunden und Tage,

genießen sie ihre Selbsterhöhung. Vorbei ist es nun mit der un-
besiegbaren Erde, vorbei das Sehnen und Sterben für ein uner-
reichbares Ziel.

Höher als je ein anderer Mensch war, auch etwas höher, als es
mir vergönnt war, was ist das schon?

Alle werden nun sagen, dass das späte Erkenntnisse sind. Ja, in
unseren Everest-Büchern fehlen diese Bemerkungen. Aber jetzt
ist die Zeit gekommen, gegen die Legendenbildung anzuschrei-
ben und gegen Banalitäten im Allgemeinen. Der Everest-Gipfel
hat seinen Mythos seit der ersten Besteigung verloren. Nach den
ersten tausend Leuten am Gipfel wird er banal sein, so wie alle
anderen bestiegenen Berge auch.

Nein, ich habe es nicht nötig, Hillary und Tensing zu belächeln.
Sie waren die Ersten, sie waren wirklich ganz oben, ihnen ge-
bührt der Ruhm. Ich aber bin der Mythos. Denn wenn es jemand

Edmund Hillary vor einem der Lager am Mount Everest

Tensing Norgay am Everest-Gipfel

ein paar Wochen oder Tage da oben aushält, schafft er es vielleicht bis zum Gipfel. Ich schaffte es in die Herzen der Menschen, weil ich es jahrelang dort oben ausgehalten habe.

Die schmale Schneide einer Schneekuppe rechts von ihnen ist der allerhöchste Punkt, der Gipfel aller Gipfel. Und vielleicht die Oberkante einer Wächte? Tensing sichert, Hillary kerbt Stufen. Mit den Augen und dem Pickel prüft er, ob er auf einer Wächte steht. Alles fest! Er winkt Tensing heran, und dann stehen sie beide auf dem Gipfel des Everest, auf dem Dachfirst der Erde.

Jetzt stehen sie nebeneinander, der Sherpa und der Sahib. Einer muss immer der Erste sein! Ich war es nicht. Sie haben mehr Glück als ich, und Hillary hat die Gabe zu wagen. Der Sturm wirft sie nicht zu Boden. Tensing hält den Eispickel in die Höhe und klammert sich daran fest. Als ob er in den Himmel auffahren möchte.

Nach 15 Minuten auf dem Gipfel wenden sich die beiden zum Gehen. Nur eine Stunde brauchen sie bis zum Südgipfel, und um 14 Uhr erreichen sie das Gratlager. Ten-

Das Erfolgstrio Hillary, Hunt und Tensing zurück in der Zivilisation

sing setzt den Kocher in Gang und macht heiße Limonade. Erst knapp vor den Zelten des Südsattel-Lagers ist ihr Sauerstoffvorrat zu Ende.

**30.5.
1953**

Am nächsten Tag im Lager IV heben alle den Daumen, dann Freudengeschrei und Beifallsrufe, und der Expeditionsleiter Hunt errötet, als er das »Siegerpaar« umarmt.

Unsichtbar wie ich für sie bin, bleibe ich auch nach den Signalen am Gipfel bemüht, den weiteren Abstieg nicht zu stören. Wenig verändert fallen Hillary und Tensing zuerst den Kameraden, dann der ganzen Menschheit in die Arme. Mit den Händen demonstrieren sie ihren Aufstieg zuerst vor Journalisten. Mit dem Laserstrahler fuchteln sie noch Jahrzehnte später vor der Leinwand. Die nach oben hin ausgestreckte Hand bleibt dabei ihr Symbol: auf den Bühnen der Welt genauso wie vor dem Schwarz des Himmels auf dem höchsten Gipfel der Erde.
Und immer öfter kommen sie auf mich, auf meinen Geist, auf mein Verschwinden zu sprechen. Als wäre dieses vielleicht etwas stärker als ihr Erfolg, mein Aufstieg etwas ewiger als ihr Zurückkommen. Nun, so tragen die Ersten, die nicht umgekommen sind, meine offen gelassenen Fragen zu den Massen, solange sie leben, und mein Mythos wächst weiter. Der Mount Everest ist mein Berg, und er ist der höchste. Wir beide fürchten uns vor niemandem, und sei er noch so hoch, so stark, so motiviert. Wer ist schon überall und immer der Höchste, wenn von den Bergen die Rede ist?

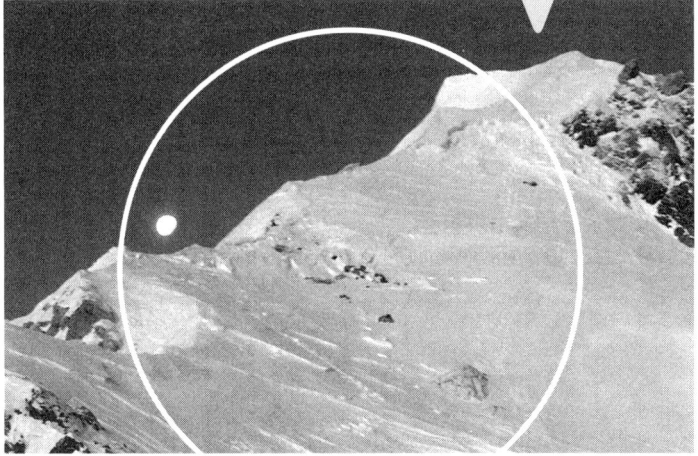

Der Everest-Gipfel von Norden:
die letzten Schneehänge und die Gipfelwächte

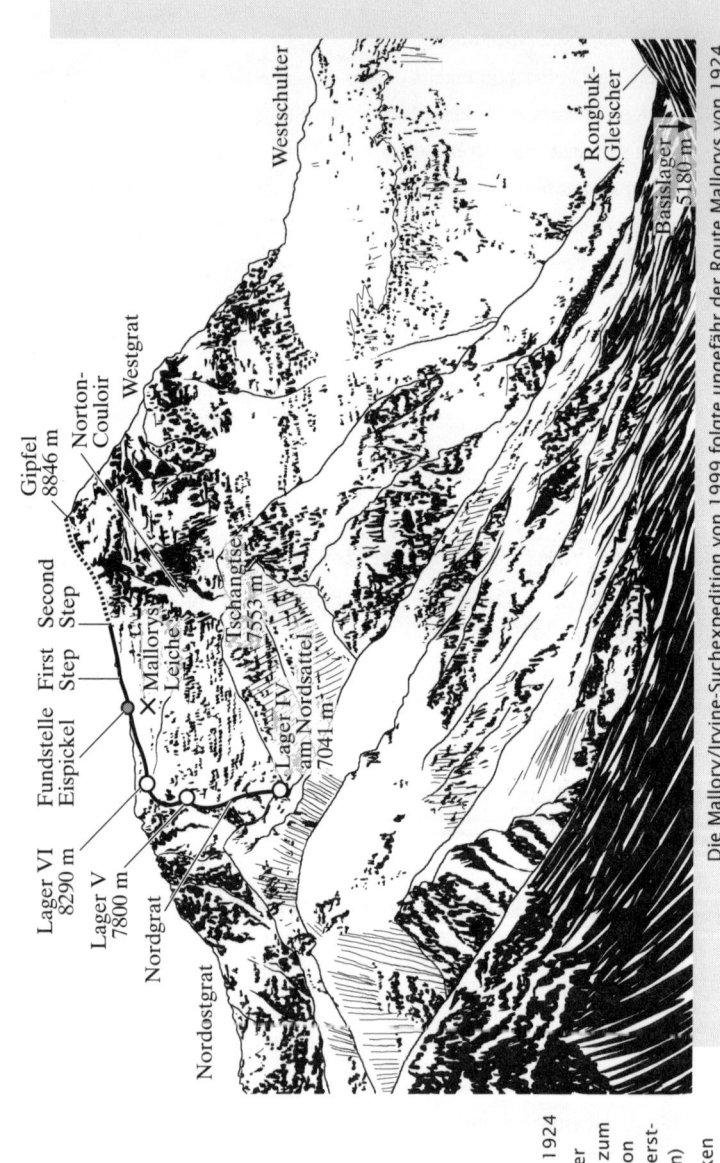

Westschulter

Rongbuk-
Gletscher

Basislager
5180 m

Gipfel
8846 m

Norton-
Couloir

Westgrat

Second
Step

First
Step

Fundstelle
Eispickel

Lager VI
8290 m

Lager V
7800 m

Nordgrat

Nordostgrat

Tschangtse
7553 m

Mallorys
Leiche

Lager IV
am Nordsattel
7041 m

Die Mallory/Irvine-Suchexpedition von 1999 folgte ungefähr der Route Mallorys von 1924

—— Mallory-Route 1924

······ Fortsetzung der
Mallory-Route zum
Gipfel (1975 von
den Chinesen erst-
mals begangen)

-·-· Route von Anken
und Hahn 1999

>> Der Mensch hatte an der Nordflanke den Versuch gemacht und versagt. Er hatte sich die größte Mühe gegeben, aber dreimal war er immer nur bis an dieselbe Stelle gelangt, bis etwa 300 Meter unterhalb der Spitze. <<

Sir Francis Younghusband

>> Die eine flüchtige und nicht ganz sichere Beobachtung Odells ist das Letzte, was man von der Seilschaft Mallory/Irvine weiß. Erst neun Jahre später wurde in einer Höhe von etwa 8450 Metern ein Walliser Eispickel gefunden, was für einen Unfall spricht. <<

Günter Oskar Dyhrenfurth

Das letzte chinesische Lager vor dem Second Step

Orakel um Mitternacht

>> 1952 gab es keine sowjetische Everest-Expedition, und beim Joint Ventures 1958 blieb es beim Plan. Nach einer Erkundung in Rongbuk blieben die Sowjets daheim, vermutlich wegen der Unruhen in Tibet. <<

Evgeny Tamm

>> Ich bin wach, sehe das Labyrinth, in das sie sich, viele Leute, viel Geld, und unendliche Hoffnungen verschlungen haben. <<

Arnolt Bronnen

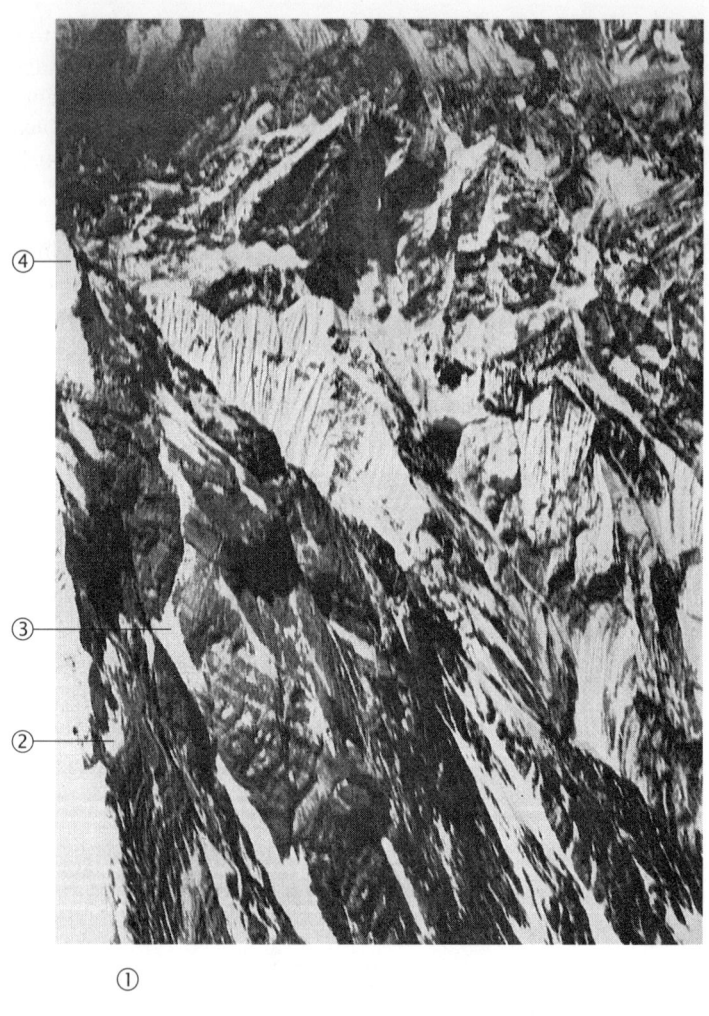

Die Nordflanke des Mount Everest, aus dem Flugzeug fotografiert

① First Step
② Second Step
③ Norton-Couloir
④ Hauptgipfel

1960 entdecken die Mao-Kommunisten das Bergsteigen. Mehr als 20 Trucks bringen Mannschaft und Ausrüstung nach Rongbuk, wo ein »Himalaja-Dorf« entsteht, mit Klinik, Stromgenerator und Funkzentrale. Dieses höchste menschliche Habitat bietet Platz für 400
Personen und ist nachts sogar beleuchtet.

Wie überheblich sich Kommunisten gebärden können! Ihre
Sprüche – *der Mensch wird über die Natur siegen, Helden steigen
hinauf in den Himmel* –, mit zu Buchstaben geformten Steinen an
Berghängen ausgelegt, verschandeln die Landschaft.

25.3.
1960
Mehr als 60 Mann, Träger und Bergsteiger, erstellen Lager I auf dem Ost-Rongbuk-Gletscher.

27.3.
1960
Wenige Tage später steht Lager III am Fuß der Schneehänge unter dem Nordsattel, die großen Eindruck auf
die chinesischen Bergsteiger machen.

Bergsteiger mit Trägerkolonne am Beginn der Steilhänge zum
Nordsattel

Der Weiterweg wird präpariert wie in früheren Zeiten: mit Brücken, Leitern, Fixseilen abgesichert. Lager IV, Lager V und Lager VI, in 8100 Meter Meereshöhe, entstehen. Zwei Mann erreichen sogar eine Höhe von 8600 Meter. Zwei Wissenschaftler sterben.

4.5. 1960
Auf dem Gletscherboden findet man eine Leiche und neben Lager V eine alte Sauerstoffflasche, die nicht ganz leer ist.

Von mir aber finden sie nichts!

17.5. 1960
Bevor die Gipfelseilschaft unter der Leitung von Wang Fuzhou aufbricht, werden Proviant und Ausrüstung vorausgeschickt. Die Träger sollen je 30 Kilogramm bis in eine Höhe von 8500 Meter geschleppt haben.

24.5. 1960
Die Gipfelseilschaft – Wang Fuzhou, Liu Lianman, Qu Yinhua und Gonbu – erreicht Lager VII, und am 24. Mai steigt der Tibeter Gonbu, hinter ihm drei Chinesen gipfelwärts. Für den Second Step brauchen sie angeblich fünf Stunden und all ihre Haken und mehr Zeit, als ihnen zur Verfügung steht. Riskieren Sie am Ende wirklich mit einem menschlichen Steigbaum ihr Glück?

Lhotse und Mount Everest von Osten

Stellen wir uns nur vor, wie Qu, der Steigeisen und Schuhe ausgezogen hat, auf Lius Schultern steigt, Haken schlägt, die obere Felskante zu fassen bekommt, zuerst sich, dann die anderen hochzieht – Titanengeschichte! Allerdings zu heroisch, um wahr zu sein. Ein gut erfundenes Märchen: Liu bleibt zurück, die drei anderen gehen weiter, ohne Sauerstoffgeräte, ohne Essen. Es ist Nacht und hat 30 Grad unter null. Sie steigen auf ihre Rucksäcke, um eine Felsstufe zu überwinden. Als sie eine 100 Meter hohe Schneeflanke unter und den Gipfel über sich haben, ist es Mitternacht.

25.5. 1960   So wenig Hillary 1953 am Gipfel irgendwelche Spuren von Mallory und Irvine gesehen hat, so wenig können chinesische Bergsteiger irgendwelche Beweise finden, dass die beiden Briten den Gipfel vor ihnen erreicht haben. Also behaupten die Chinesen, sie wären an der Nordflanke die Ersten, die Ersten auch bei Nacht.

Wie ein solcher Gipfelgang im Dunkeln vor sich geht? Niemand sieht es. Und als es Tag wird und das Licht kommt, sind die Chinesen wieder (oder immer noch) im Lager unter dem Second Step. Ob sie inzwischen am Gipfel gewesen sein können? Eine solche Kletterpartie dauert doch nicht Momente. Für mich dauert sie an, 1960 immerhin seit 36 Jahren.

Die Volksrepublik China gibt später im Jahr eine Besteigung des Everest über die Route Nordsattel – Nordgrat – Nordostgrat durch drei chinesische Bergsteiger bekannt. Wang Fuzhou und Qu Yinhua sollen am Gipfel gewesen sein. Auch der Tibeter Gonbu. Der Gipfel sei am 25. Mai 1960 um 4 Uhr 20 Peking-Zeit – 2 Uhr 20 Ortszeit – erreicht worden, in tiefer Nacht also. Gipfelfotos gibt es nicht, und die veröffentlichten Berichte sind in der Geländebeschreibung wenig präzise. Am Gipfel sei auch eine Büste Mao Tse-tungs hinterlassen worden. Aber keine spätere Partie sollte je etwas von der Mao-Plastik finden.

Wenn die Chinesen an mir vorbeisteigen und zu viel sehen, ohne mich zu sehen, der ich keine Nacht schlafe, bin nicht ich verantwortlich für den Schwindel.

Wenn sie aber am Second Step stecken bleiben, so wie ich stecken geblieben bin, ist das zwar kein Grund zur Panik, aber Betrug. Warum erzählen sie später von Holzpflöcken und Seilresten, die sie über der letzten Steilstufe gefunden haben wollen? Was soll damit orakelt werden? Stecken bleiben ist eines, seine Leute verderben etwas anderes.

Sie brauchen aber nichts zu fürchten, die Chinesen, den Weg zum Gipfel kenne vorerst nur ich, und ich spiele nicht Schiedsrichter. Auch sind die gelben Karten vergilbt. Also gibt es keinen Richter. Die Gefängnisse in Lhasa sind seit 1959 überfüllt.

> Die chinesischen Behörden behaupten nach wie vor, eine Besteigung des Mount Everest von Norden sei geglückt, die Beweise aber fehlen bis heute. Der Gipfelerfolg wird von westlichen Experten deshalb angezweifelt – wegen mangelnder Dokumentation und zahlreicher Unklarheiten im Besteigungsbericht. Wurde die Expedition am Second Step gestoppt?

8.10. 1962

> Ein Film zu dieser Besteigung wird am 8. Oktober 1962 in London gezeigt und von Fachleuten begutachtet. Wie der Film und ein Vergleich mit früheren Aufnahmen zeigt, waren die Chinesen unterhalb des Second Step, nicht darüber. Auch nach der Öffnung der Volksrepublik China und der Akkreditierung westlicher Korrespondenten in Lhasa bleibt eine endgültige Klärung der Angelegenheit unmöglich, nur inoffiziell wird das Scheitern eingestanden.

Wer sollte auch ein Interesse am Erfolg der Chinesen haben außer der chinesischen Zentralregierung selbst? Tausende Menschen, Chinesen und Tibeter, waren 1960 an dem Versuch, den Mount Everest zu bezwingen, beteiligt. 70000 feierten am 27. Juni 1960 die Helden im Arbeiterstadion in Peking. Ganz China ist stolz auf die Leistung dieser Leute. Immer noch. Und alle, die sich stark fühlen durch den Sieg der Chinesischen Volksrepublik über den Everest-Gipfel, werden weiterhin an diesen Sieg glauben wollen. An was sollen sie sonst glauben? Nicht für den Gipfel der Welt, sondern für das Nationalgefühl des gesamten chinesischen Volkes ist die Anstrengung unternommen worden! Man hat mich damals nicht gesucht, mich auch nicht gefunden, doch auch die Chinesen weinen mir nach. Alles nur, weil sie

mich brauchen. Soll ihr Gipfelgang am Ende durch meinen Mythos bewiesen sein? Ja, mit meinem Müll über dem Second Step
wollen sie den Beweis ihrer Besteigung erbracht haben! Plötzlich
weiß niemand mehr, ob ich es war oder irgendjemand sonst, der
seinen Müll liegen lassen hat. Es ist leider immer so mit Erst-
lingstaten. Mit den Wiederholern kommt die Verwirrung und der
Schwindel.

> Viel später erst wird bekannt, dass chinesische Berg-
> steiger 1960 anlässlich der *ersten* und lange umstritte-
> nen *chinesischen Besteigung des Mount Everest von Nor-
> den* an der Route von Mallory und Irvine einen Stock, ein
> Stück Seil und zwei Sauerstoffflaschen gefunden haben
> sollen. Und diese Indizien sollen oberhalb vom Second
> Step gelegen haben. Indizien wofür?
> Da zwischen 1924 und 1960 niemand außer Mallory
> und Irvine den Second Step überklettert haben kann,
> wäre mit diesem Fund nicht nur bewiesen worden, dass
> Mallory und Irvine (oder auch nur einer der beiden)
> diese schwierige Stufe überwunden oder umgangen
> hätten, auch die chinesischen Bergsteiger hätten von
> dort leicht bis zum Gipfel kommen können. Damit hät-
> ten sie den Schlüssel zur Besteigung des Mount Everest
> gehabt und ihn sicher auch genutzt.

Wenn mein Verschwinden 1924 am Mount Everest den Eindruck
erweckt haben sollte, ich wäre eher zum Sterben als zum Scheitern bereit gewesen, betrifft dies nur mich. Bei den Chinesen
geht es um die Ehre einer ganzen Nation. Sie sprachen von To-
desverachtung, deshalb gingen sie zurück, um ihren »Sieg« zu
verkünden. Ich hingegen kam beim Scheitern um und wurde
zum Helden gemacht, allerdings von anderen.

> Wenn oberhalb der zweiten Stufe 1960 wirklich Spuren
> von Mallory und Irvine gesichtet worden sind, wäre der
> Berg 1924 »erobert« gewesen. Mallory wäre nach seiner
> Aussage bei relativ leichtem Gelände oberhalb des
> Second Step nicht zurückgegangen, ohne den Gipfel er-
> reicht zu haben. Und das letzte Gratstück ist leicht.
> Ist durch den »Fund« der Chinesen das Rätsel um Mal-
> lory und Irvine also gelöst? Nein, es fehlen immer noch
> Fotos oder die Fundstücke selbst! Und die Frage, warum

die Chinesen erst 20 Jahre nach einem historisch so bedeutenden »Fund« damit an die Öffentlichkeit gehen, ist eine Rätselfrage mehr – nein, mehr noch, eine Farce.

Oberhalb des Second Step blieb auch von 1960 nichts zurück. Ebenso wenig wie von mir. Darunter Lager, Seile, Telefonleitungen. Und jede Menge Proviant. So viele Sardinen in Öl, Erbsen mit Speck können die Expeditionen der nächsten Jahre nicht fressen! Die Genossen haben wirklich nicht gespart. Nicht mit Festen, nicht mit Sprüchen, nicht mit Müll. Über 20 Kilometer verteilt der Müll einer Belagerung – Glaziologen und Archäologen werden ihre Freude daran haben.
Übrigens sehen auch Chinesen nichts in der Nacht. Und wenn sie schon sehen, dann nichts als Schwierigkeiten. Mit Stablampen geht keiner den Second Step hoch. Da braucht es schon Leitern! Eine wichtige Erkenntnis, die ein findiger Kopf aufschrieb, um die Taktik für den nächsten Versuch ins Tal zu retten. Da oben vergisst man ja alles, dem Sauerstoffmangel sei Dank, oft auch, wie hoch man gekommen ist.

Trägerkolonne auf dem Weg zum Nordsattel, 1975

Der Mount Everest von Osten: die Kangshung-Seite. Mallory und die chinesischen Bergsteiger kannten diesen Anblick des Berges, bevor sie ihre Versuche am Nordostgrat starteten.

>> Nun haben wieder neun chinesische Bergsteiger den höchsten Gipfel der Erde über die Nordroute bezwungen und ein neues Kapitel der Geschichte der Alpinistik geschrieben. Diese Tat demonstriert

Telefon und Menschenkette

1975

den Heldenmut des chinesischen Volkes, für das es keine unüberwindliche Höhe und keine uneinnehmbare Festung gibt. Besonders bedeutsam ist die Erstbesteigung des Qomolungma über die Nordroute durch eine chinesische Bergsteigerin. Dies ist ein schlagender Beweis für das, was der Vorsitzende Mao sagt: ›Die Zeiten haben sich geändert, heute sind Mann und Frau gleichgestellt. Was ein Mann vollbringen kann, kann auch eine Frau tun.‹ <<

Bergsteiger am Second Step

Offizieller chinesischer Expeditionsbericht

>> Nationen, die man zu den großen zählt, verdanken ihre Stellung in der Welt und in der Geschichte dem Abenteurergeist, der den Einzelnen zur heldischen Tat weckt. <<

George Ingle Finch

>> Jeder giftige Hauch dieses Landes, alle Fieber und Schmerzen saugen an mir. Meine Träume fallen in den Tod. Mein Morgen klettert auf schwindligen Leitern zur Ermattung. Dazwischen zerbröckle ich, schreiend nach Ruhe und Zeit. <<

Arnolt Bronnen

Die Südwestflanke des Mount Everest

Bei einer Erkundungsexpedition 1974 sieht der chinesische Hochträger Wang Kow Po hoch oben an der Nordflanke des Mount Everest einen toten Körper, den er als
Engländer zu erkennen glaubt. Er liegt in mehr als 8000
Meter Meereshöhe und in der Falllinie des Eispickels,
den Wyn Harris 1933 gefunden hat. Die Partei will nichts
davon wissen, und erst Jahre später, als Wang seine Ent-
deckung dem Japaner Ryoten Hasegawa berichtet, wird
der Fund ernst genommen. Ist Mallorys Körper also
immer noch da?

Hat Wang zu viel von mir gesehen? Oder werde ich weniger?
Schwinde oder verschwinde ich? Was bliebe von mir, wenn sich
dieser Körper auflöste oder abstürzte und am Ende zerfiele, wie
alle anderen menschlichen Körper zerfallen? Vielleicht war ich
nur noch, weil man nach meinen Überresten suchte oder an
mich als Gipfelsieger glaubte. Nein, ich wollte eine Größe über
Reliquien und Vermutungen hinaus sein, ich wuchs sogar, wurde
mehr mit der Anzahl der Köpfe, die von mir träumten.

Einen Tag, nachdem Wang Kow Po sein Geheimnis ver-
raten hat, am 12. Oktober 1979, erfasst ihn unter dem
Nordsattel am Mount Everest eine Lawine und schleu-
dert ihn in eine Spalte, wobei er stirbt.

1975 zeichnet Wang Fuzhou, einer der Chinesen aus der
Gipfelmannschaft von 1960, als leitendes Mitglied des
»Parteikomitees zur Organisation der Everest-Expedition«. Der Mount Everest wird darin *Qomolungma Feng*
genannt. Neben vielen veröffentlichten Berichten und
zahlreichen Fotos gibt es diesmal einen höchst ein-
drucksvollen Dokumentarfilm, der die Expedition bis
zum Gipfel zeigt. Er wird 1976 beim Bergfilm-Festival in
Trient vorgeführt.

Großer Applaus! Nein, dieses Mal melde ich keine Zweifel an,
ich mache mich doch nicht lächerlich wie meine Landsleute, die
1975 erst das Aluminiumstativ der Chinesen am Gipfel fotografieren mussten, um die vielen Kritiker daheim davon überzeugen zu können, dass die Chinesen vor ihnen da gewesen
sind. Haston und Scott fanden diese Beweise.

Die ersten Chinesen schafften den Mount Everest 1975 im Mai, die ersten Engländer vier Monate später, in der Nachmonsunzeit. Hillary, sorry, inzwischen Sir Edmund Hillary, war und bleibt Neuseeländer und Tensing Norgay ein Sherpa aus Darjeeling. Sicher, das Volk der Sherpas war einst aus Tibet gekommen, und Tibet war von China besetzt worden, aber die Volksrepublik war noch zu jung, um auch noch rückwirkend den Sherpa Tensing vereinnahmen zu können. Grund genug, *Qomolungma Feng* mit Leitern aus Aluminium zu Leibe zu rücken.

Die Expedition wird mit einem Massen-Festakt in Lhasa verabschiedet: auf dem großen Platz unter dem Potala Tänze in tibetischen Trachten, Fähnchen schwingende Jugend, zahllose Kinder, die Luftballons steigen lassen. Ein langer Lastwagenkonvoi bringt die Expedition auf einer breit ausgebauten, geteerten Straße Richtung Himalajakette. Dann geht es 1000 Kilometer über Staubpisten, durch Flüsse und Geröll. Das Basislager wird auf einer Höhe von 5000 Metern nahe dem Rongbuk-Kloster errichtet, dessen Ruinen im Film jedoch ausgeblendet werden.

In der Anlage gleicht das Lager, mit einem Dutzend Großzelten, die beiderseits an einer breiten Lagerstraße aufgereiht sind, einem Militärlager von etwa Bataillonstärke. Dazu ein Appellplatz mit großen Lautsprechern und Rednertribüne. Militärische beziehungsweise paramilitärische Führung also. Jeden Morgen wird angetreten und bei Musik Sport exerziert. Ordnung muss sein, mit Appellen, Flaggenparade, Befehlsausgabe, Stabsbesprechungen, fast täglichen Ansprachen.

Wang Fuzhou erzählt später, dass man unter Erfolgszwang steht. Die Soldaten, bis über das vorgeschobene Basislager hinaus als Transportkolonnen eingesetzt, wollen nicht geschont werden. Sie gehören zu den Roten Garden. Eine Telefonleitung wird zwischen Basislager und Lager III installiert, ebenso eine Art Weg. Auch die Aufstiegsroute zum Nordsattel – von Spalten zerrissen, lawinengefährlich – wird durch Sondertrupps, junge Bergsteiger und ihre Trainer, erkundet sowie mit Seilen und Leitern präpariert. *Eine Gruppe von Soldaten und Tibetern,* heißt es bei Wang, *geführt von Trainern, bestieg den Nordsattel fünfmal in sechs Tagen,* um alles

Tibeter und Chinesen im Aufstieg zum Nordsattel

Material, darunter auch Hunderte von Sauerstoffflaschen, ins Lager IV zu schaffen, eine Art drittes Hauptlager, Ausgangspunkt für den Aufstieg zum Nordgrat.

24.4. 1975

Der erste Angriffsversuch am 24. April muss infolge anhaltender Stürme abgebrochen werden. Ein zweiter am 8. Mai scheitert ebenso. 33 Bergsteiger erreichen in zwei Gruppen eine Höhe von 8200 Metern, Lager VI. Nach 13 Tagen am Berg ist die Mannschaft am Ende ihrer physischen Kräfte. Sie wird ins Basislager zurückbeordert.
Vom dritten Angriff berichten die Chinesen wenig. Zuerst wird das oberste Lager verlegt. Lager VI liegt nun 100 Meter höher, auf 8300 Meter also. Später wird ein Lager in 8600 Meter Höhe erstellt, Lager VII.

17.5. 1975

In zwei Gruppen startet am 17. und 18. Mai im Basislager die zum Sieg bestimmte Mannschaft: drei Frauen und 15 Männer. Angeführt vom 29-jährigen Tibeter Sodnam Norbu und der 37 Jahre alten Tibeterin Phantog, die stellvertretende Führerin der Gesamtexpedition ist, geht es mit Kadergeist bergan. Wer nicht Mitglied der Partei ist, kann es ja werden. Parteifunktionäre und Hilfstrupps begleiten die Mannschaft.

25.5. 1975

Als am 25. Mai Lager VI erreicht ist, müssen zwei Frauen und sieben Männer wegen Erschöpfung aufgeben. Vier Männer erreichen Lager VII.

26.5. 1975

Als sich nach einer stürmischen Nacht gegen Mittag des 26. Mai endlich das Wetter klärt, schickt die Leitung, das Gruppenkomitee also, einen Teil der Mannschaft los, und den weiteren Anstiegsweg zu präparieren. Das ist Befehl! Eispartien und vertikale Felsstufen zum Nordnordostgrat hinauf werden mit Fixseilen abgesichert, Metallleitern am Second Step verankert.
In zwei Anläufen, an zwei aufeinander folgenden Tagen, gelingt es Sodnam Norbu und Kunga Pasang, den Second Step mit Fixseilen und einer vierteiligen Aluminiumleiter abzusichern.

Wie oft sie und ihre Kameraden sich dabei am roten Nylonseil ihrer Vorgänger hochgezogen haben, wissen nur der Wind und die UV-Strahlung. Auch ich gäbe gern zu, Steighilfen benutzt zu haben, es gab aber keine.

Der im Lager VI wartende Teil der Neunergruppe steigt erst jetzt zum Gipfellager weiter, immerhin 360 Höhenmeter höher oben und exponiert gelegen. Dem Grat bis zum Second Step weichen die Chinesen großteils an der Nordflanke aus. Um 23 Uhr am 26. Mai wird nach einer langen Diskussion entschieden, dass am nächsten Tag alle neun Richtung Gipfel gehen sollen.

27.5. 1975

Noch bei Dunkelheit brechen zwei Seilschaften auf und erreichen bald schwieriges Gelände. Alles geht langsam.

Die Tibeter und Chinesen gehen einen steilen Grat entlang. Ein riesiger Felsen, der den Weg versperrt, kann nur rechts passiert werden. Unter Führung von Sodnam Norbu erklettern sie zuerst einen sechs bis sieben Meter hohen Schneeabhang, dann liegt die zweite Stufe vor ihnen. Unter ihnen zerklüftete Schluchten und schimmernde Gletscher – ein grauenvoller Tiefblick. Die Bergsteiger hängen an einer steilen Klippe. Diese zweite Stufe, 20 Meter hoch, wird rechts umgangen. Die letzten sechs Meter sind fast senkrecht. In der ausländischen Literatur wird dieser Abschnitt als unüberwindliches Hindernis beschrieben. Das wissen die Chinesen. Die Mitglieder sichern sich gegenseitig und steigen über die Metallleiter, die von Sodnam Norbus Stoßtrupp am vorhergehenden Nachmittag befestigt worden ist. Die Leiter ist aber nicht lang genug, ein Nylonseil ersetzt die fehlenden Griffe ganz oben. Nach hinten geneigt, sich am Seil festhaltend, ziehen sich alle hoch. Um 9 Uhr 30 ist die zweite Stufe überwunden.

Volle 45 Minuten brauchen sie also für die schwierigste Stelle. Denn niemandem ist so hoch oben ununterbrochenes Steigen möglich, auch nicht den Kommunisten.

Wie und wo genau die Chinesen 1960 am Second Step gescheitert sind, ist eine Sache, wie sie ihn 1975 gemeistert haben, eine andere. Ohne die Aluminiumleiter ganz oben wäre 1975 jedenfalls kein Durchkommen gewesen.

Nein, ich will jetzt nicht wieder wegen meiner genagelten Schuhe jammern, mit denen es heute kaum jemand bis unter die letzte Steilstufe schaffen würde. Ich frage mich nur, wie die Leiter nach oben kommt und wie sie verankert wird.

Allein schon bis dorthin zu kommen ist ein hartes Stück Arbeit. Und das alles mit zusammensetzbaren Metallleiter auf dem Rücken, jede eine Körperlänge lang. Das muss man sich einmal vorstellen! Im Vorstieg Fixseile anzubringen ist schon schwierig, in einer fast senkrechten Felswand eine Leiter zu fixieren fordert noch um einiges mehr. Hochachtung! Das verlangt sogar mir Respekt ab.

Sicher, die Chinesen waren viele, 434 alles in allem, eine Menschenkette bis zum Gipfel, und Tibeter sind geschickt, vor allem dieser Sodnam Norbu muss ein guter Kletterer gewesen sein. Stellen wir uns vor: Sie stehen im Haufen nebeneinander und halten die Leiter fest, bis sie einer, ein Mutiger, Sodnam Norbu, oben fixiert hat. Half die Tibeterin Phantog, die Leiter zu verankern? Nein, und im Bericht wird diese Passage als Nebensächlichkeit abgetan, ganz so, als hätte man etwas zu verbergen. Dabei war und bleibt diese Leiter der Schlüssel zum Erfolg. Eine erfolgreichere Erfolgsleiter hängt nirgendwo auf dieser Erde.

Nein, mit einem menschlichen Steigbaum ist dort oben nicht weiterzukommen. Wem sage ich das? Diese Technik hätten auch Andrew und ich beherrscht, und wir waren zu zweit, aber Leitern aus Aluminium? Nein, eine Leiter hatten wir damals nicht dabei, und mit so viel Ballast wären wir erst gar nicht so weit gekommen, sie am Second Step anbringen zu können, wo es ohnehin keinen Weiterweg für uns gab.

Die Leiter bleibt das Symbol der Chinesen am Mount Everest, eine Sache des Kollektivs: gemeinsam hinaufgetragen, mit vereinten Kräften gehalten, auf dass einer hinaufsteigen und alle anderen ihm folgen können. Auch im China von heute bezwingt der Mensch die Natur ja nicht nur, indem er Ausrüstung, Vorräte und Maschinen opfert, er setzt sich selbst ein – in großer Zahl und ohne Wehklagen.

> Es folgen Eishänge, eine Geröllhalde, Schutt. Jeder Schritt eine Ewigkeit. Das stundenlange Klettern in dünner Luft hat die Gipfelstürmer erschöpft. Sie legen immer wieder kurze Pausen ein und atmen etwas Sauerstoff aus den Flaschen. Sie wollen den Gipfel zusammen erreichen, im Kollektiv, zusammengeschweißt.

Um 8 Uhr vormittags haben die neun Gipfelstürmer in zwei Partien ihr Biwak verlassen. Die erste Seilschaft besteht aus Sodnam Norbu, Darphuntso, Tsering Tobgyal und Kunga Pasang, die zweite aus Phantog, Lotse, Hon Sheng-fu, Samdrub und Ngapo Khyen.

An diesem 27. Mai ist das Wetter schön. Die Sonne steht strahlend am azurblauen Himmel. Leichte weiße Wolken schweben um das Massiv, der pyramidenförmige Gipfel des *Qomolungma* liegt in klarem Licht.

Die Bergsteiger befinden sich nun etwa 200 Meter unter dem Gipfel, der Vollendung der Aufgabe, die ihnen Partei und Volk übertragen haben, nahe. Da geloben sie: *Wir werden nicht zurückkehren, solange wir den Gipfel nicht bezwungen haben!* Und: *Lieber beim nächsten Schritt vorwärts den Tod finden als einen halben Schritt zurückgehen.*

Zwischen dem Gipfel und dem Biwak auf 8600 Meter Höhe liegt nur noch ein halber Kilometer. Aber wegen des Sauerstoffmangels müssen die Bergsteiger nach jedem Schritt stehen bleiben, sich auf ihre Eispickel stützen und tief atmen.

Aber sie kennen einen Trick. Nur während der Rastpausen atmen sie immer wieder Sauerstoff aus der Flasche. Für zwei bis drei Minuten nur. Dann nehmen sie die Masken ab. Das geht gut so. Sie sind in Hochstimmung. Die Bedingungen sind gut. 60 Meter unter dem Gipfel muss zuerst ein steilerer Eishang mit einer Traverse nach Norden, dann eine Felsstufe umgangen werden. Einer der Teilnehmer wird kurz ohnmächtig, erholt sich aber nach einer Sauerstoffdusche wieder.

Um 14 Uhr 30 ist der Gipfel erreicht. Freudengeschrei! Dann rammen sie ein drei Meter hohes Vermessungszeichen in den Schnee – ein Stativ aus Aluminium – und hissen eine rote Flagge. Sie fotografieren, filmen, sammeln Gesteins-, Eis- und Schneeproben. Bei Phantog wird per Fernmessung ein EKG aufgezeichnet, wozu die Tibeterin sieben Minuten flach auf dem Gipfel liegen muss. 70 Minuten lang bleiben die Bergsteiger oben. Kaum Wind. Stille.

Chinesischer Bergsteiger am Everest-Gipfelgrat

29.5.
1975

Am 29. Mai sind alle im Basislager zurück. Der »Gipfel-sieg« kann gefeiert werden. Die Besteiger – Frau Phan-tog (37, drei Kinder), Sodnam Norbu (29), Lotse (37), Samdrub (23), Darphuntso (30), Kunga Pasang (29), Tse-ring Tobgyal (29), Ngapo Khyen (21) und als einziger Chinese Hon Sheng-fu (36) – erhalten hohe Auszeich-nungen. Und wieder einmal haben Tibeter die Ehre Chinas gerettet, denn erstmals ist damit der höchste Berg der Welt zweifelsfrei über die Nordflanke bestiegen worden.

Hat mir nicht einer erzählt, später, als der erste »Sieg« im zwei-ten untergegangen war, dass sie 1960 unter dem Second Step fast verzweifelt sind? Ich weiß, links ist es viel zu glatt, rechts überhängend, wo soll man da eine Leiter hinstellen? In die Luft vielleicht?
Nach der Kulturrevolution und dem allgemeinen Vergessen er-innert sich der eine plötzlich an die Idee mit der Leiter, die 1960 gefehlt hat, und die Prozedur beginnt von vorne. Nein, ich will den Anteil der Chinesen am Erfolg nicht leugnen, sie waren zu Hunderten am Berg, aber hinaufgestiegen sind fast ausschließ-

lich Tibeter. Und was ist es, was mich an diesen Tibetern so bewegt, so begeistert hat? Das Menschliche vor allem, ihr Mitgefühl mit ihren Mördern, ihr Einsatz trotz der Fremdherrschaft, ihre Toleranz gegenüber den Chinesen, die sogar während dieser Besteigung die tibetische Kultur missachteten.

Als sie endlich den Gipfel ihres *Qomolungma* erreichen, sind Chinesen und Tibeter nicht etwa auf eine Stufe gestellt, es ist der Führung in Peking nur gelungen, der übrigen Welt zu beweisen, zu welchem Heldentum der Kommunismus befähigt – nur dies ist ihr eine Nachricht wert.

Voller Stolz ist also auch der Bericht vom Gipfelsieg: *Am 27. Mai 1975 haben neun chinesische Bergsteiger, eine Frau und acht Männer, bestärkt durch die aufmerksame Anteilnahme des Vorsitzenden Mao und des Zentralkomitees der Kommunistischen Partei Chinas und mit der warmherzigen Unterstützung des Volkes des ganzen Landes, den höchsten Gipfel der Welt, den Qomolungma, über den Nordhang siegreich bestiegen. Ein großer Sieg im Kampf mit der Natur. Es war ein Sieg der proletarischen revolutionären Linie des Vorsitzenden Mao und ein weiterer großer Erfolg der Großen Proletarischen Kulturrevolution.*

Das Neue China fördert die Alpinistik als einen Sport, welcher der proletarischen Politik, den Interessen des sozialistischen Wirtschaftsaufbaus und dem Aufbau der nationalen Verteidigung dient und dem Volk zu körperlicher Kraft sowie hoher Moral verhelfen soll, damit die Menschen weder Strapazen noch den Tod fürchten und mit Leib und Seele dem Kollektiv dienen. *Weder Sturm noch Kälte, weder steile Felswände noch tiefe Klüfte konnten die Sieggewohnten aufhalten; ihre kollektive Kraft überwand alle Schwierigkeiten und Hindernisse und führte sie schließlich siegreich ans Ziel.* Auch der Einsatz von Frauen ist Programm. *Die Partei hat immer betont: Was Männer können, können Frauen auch. Dank diesem Aufruf sind wir Frauen dabei gewesen*, erzählt Phantog später.

Habe ich dies gewollt? Der Mount Everest, mein Berg, als Metapher für kommunistische Ideale?
Nein, niemals!

Und doch, es ist so, und es ist erst der Anfang.

Meine Tragik sehe ich nicht im Sterben über meinem Plan, die Spitze der Welt zu erreichen – mit anzusehen, zu welchem Unfug der Mount Everest missbraucht wird, ist verhängnisvoller.

Aber wie der Trick der Chinesen die Leiter war, bleibt mein Trick von Anfang an der Geist, ein Ideal, das alle meine Lobpreiser bis heute beschwören, ein Geist, den niemand einholen kann, weil er fliegt.

VII

Der Mount Everest von Nordosten

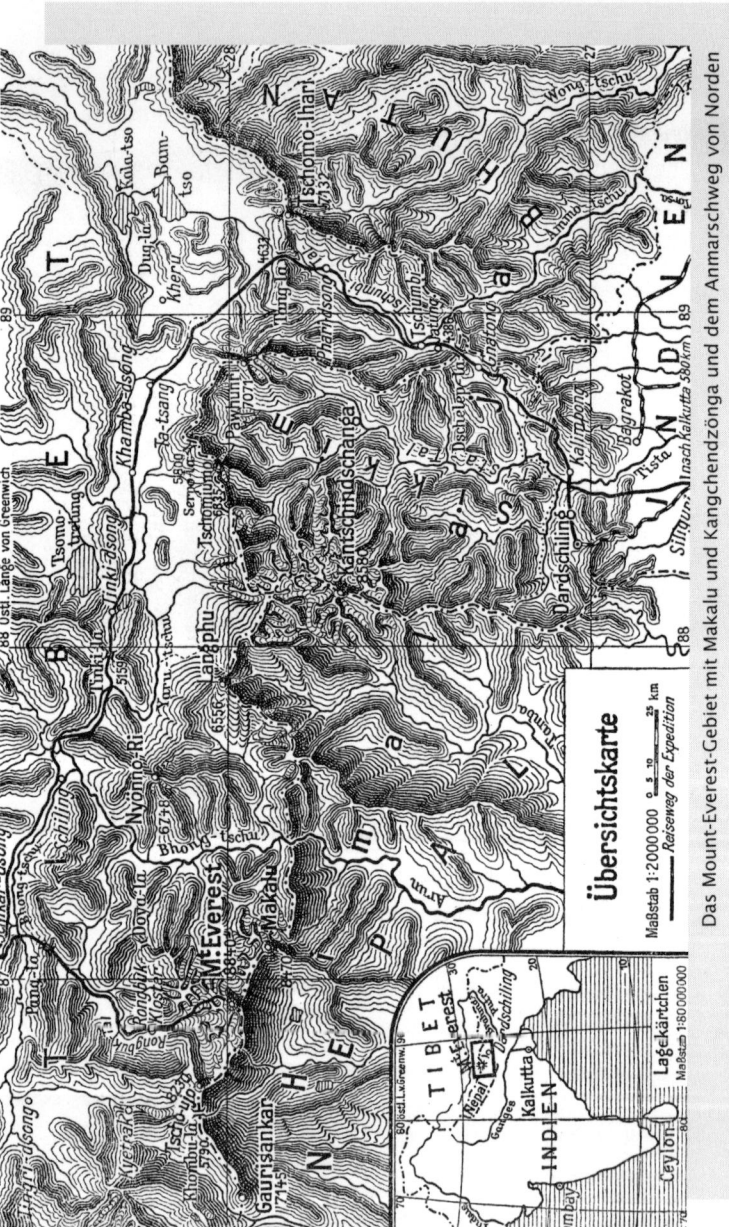

Übersichtskarte

Maßtab 1:2000000 0 5 10 25 km

—— Reiseweg der Expedition

Das Mount-Everest-Gebiet mit Makalu und Kangchendzönga und dem Anmarschweg von Norden

>> Mir kann Schicksal gar nicht imponieren. So schläfrigen Dingen bin ich immer entgangen. Selbst Symbole fürchte ich nicht. Ich habe eben Lust, in so einer

Aufbruch nach Osten

1921

unbestimmten Richtung weiterzugehen. So hinüber. Himalaja. Vielleicht Ihre Richtung, mein Herr. Sicher aber mein Ziel. «

Arnolt Bronnen

>> Die Aufgabe der Kundfahrt 1921 war erfüllt, die Route vorgezeichnet: Die Rippe, die vom Tschang La zur Schulter im Nordostgrat hinaufführt, war offenbar gut begehbar. So weit man sie mit dem Auge verfolgen konnte, sah man nur leichte Schrofen und mäßig steile Firnhänge. Man konnte mit gutem Gewissen den Rückzug antreten. «

Günter Oskar Dyhrenfurth

George Leigh Mallory

>> Helden, die ein hohes Ziel haben, haben auch Mut und fürchten die schreckliche Höhe des Qomolungma nicht. «

Chinesische Bergsteiger, 1960

Der Mount Everest von Osten

Nordpol und Südpol waren erreicht, also zu vergessen; Paul Preuß, wie ich war 1886 geboren, selbst seit sieben Jahren tot. Ich aber hatte es versäumt, jung und als Held zu sterben, ich lebte noch. Was mir also blieb, war der Ostpol, jener dritte Pol, um dessen Größe sich das britische Bergsteigen fortan drehte. Vier Jahre lang auch ich: Als wäre der Mount Everest das letzte Ziel von Wert, drehte sich meine kleine Welt nur noch um ihn. Ich ahnte 1921 nicht, noch nicht, dass dieser Berg nur einen Gipfel, einen Reiz, einen Preis hatte. Der Reiz lag im Geheimnis des Unerreichten, und der Preis dafür war mein Leben. Eine teure Sache also, der höchste Berg der Welt!

Der Mount Everest gilt als höchster Berg der Welt und sein Gipfel ist längst vermessen, als Sir Francis Young-husband 1904, nach einer grausamen militärischen Ak-tion, dem Dalai-Lama in Lhasa die Zusage abschwatzen kann, dass Briten im tibetischen Teil des Himalaja berg-steigen dürfen. Erst 1921 ist es so weit.

18.5. 1921

Als wir im Jahre 1921 unsere Reise antraten, hatte der Mount Everest seinen bestimmten Platz auf der Karte, erzählt George L. Mallory. *Aber bergsteigerisch wusste man so gut wie nichts von ihm. Wir besaßen Aufnahmen vom Singalila-Grat und von Khamba Dsong aus. Diesen konnte man entnehmen, dass die Firnfelder der oberen Ostflanke nicht sehr steil sind und dass der nördliche Grat bis weit hinunter sanft geneigt ist. Es fehlten aber An-sichten von Nordwesten, und die Talgebiete waren voll-kommen unbekannt. Das für Bergsteiger wichtigste Fern-bild ist wohl das von Sandakphu, das mächtige Steilwän-de auf der Südseite zeigt, sodass wir von vornherein nicht zu bedauern brauchen, dass diese Seite aus politischen Gründen unzugänglich ist.*
Die Erkundung fängt in Khamba Dsong an, als sie noch 160 Kilometer vom Berg entfernt sind. Es folgen man-cherlei Missgeschicke, als deren Folge nur Bullock und Mallory als Vertreter des Alpine Club und Erkunder übrig bleiben. Der Expeditionsarzt, Dr. Kellas, der den An-marschweg über Darjeeling studiert hat, stirbt an einem Herzschlag. Mallory: *Ein Hohn des Schicksals ließ uns den ersten Anblick des Mount Everest einen Tag nach dem Tod von Dr. Kellas zuteil werden. Es war ein prachtvoller Tag,*

als wir die kahlen Hänge hinter der malerischen Festung hinaufstiegen. 300 Meter höher drehten wir uns um und sahen, was wir sehen wollten. Über die zwei Gipfel im Westen war kein Zweifel möglich. Der linke musste der Makalu sein. Und der rechte? Jener weiße Hauer im Kiefer Asiens? Der Mount Everest trat infolge eines leichten Dunstes nicht ganz scharf hervor, was der Erscheinung etwas Geheimnisvolles und Erhabenes verlieh. Jedenfalls fühlten wir, dass der höchste aller Berge uns nicht enttäuschen würde.

Auf dem Weg von Khamba Dsong westwärts verlieren sie den Mount Everest aus den Augen, da das letzte Zipfelchen bald hinter den Gyanka-Bergen untertaucht.

11.6.
1921

Von Gyanka Nangpa, das am Fuße eines 6100 Meter hohen Felsberges liegt, brachen Bullock und ich am 11. Juni sehr früh auf und ritten in der Schlucht talab. Es war ein heller Morgen, die Pferde waren ausnahmsweise schnellfüßig, und wir hatten das Glück, eine gute Furt durch den Strom zu finden. Wir waren frohen Mutes, denn seitdem der Mount Everest sich wieder versteckt hatte, standen die Gyanka-Berge als Wand vor unseren Augen. Mit jedem Tag waren wir ihnen näher gekommen, mit jedem Tag beschäftigten sich unsere Gedanken mehr und mehr mit der Frage, was wohl dahinter liegen möge. Drüben war Neuland.

In diesem Augenblick hat Mallorys Leben eine eindeutige Richtung bekommen. Man liest es aus seinen Sätzen und in den Tagebüchern seiner Gefährten.

Möglich, dass auch Bullock bei diesem Anblick erzitterte, jeder auf seine Art, nur ich etwas mehr. Denn nur von mir hing es ab, ob der Mythos dieses Berges zu verwandeln, der Weg zu finden war zwischen Spuk und Wirklichkeit. In mir lebte die Erwartung.

Wir wussten genau, wo der Mount Everest stand. Aber dort war der Wolkenvorhang am schwärzesten. Wie gebannt starrten wir mit den Feldstechern hin, als könnten wir die Wand durchbohren. Und da geschah das Wunder. Schwarz wandelte sich zu Grau, und Schneefelder begannen durch die Trübe zu schimmern. Riesige Bruchstücke eines Eisgebirges fanden sich allmählich zusammen.

*Traumhaft ungeheuerlich, wie in überweltlichen Geburts-
wehen, entwand Gestaltung sich den Nebeln. Aus den Tiefen stieg ein unglaublicher dreieckiger Klotz mit 70-gra-
diger Schneide, die von nirgends kam und sich ins Nichts
verlor. Links davon hing ein schwarz gezahnter Kamm
frei in der Himmelsluft. Langsam baute sich der Berg aus
Wänden, Gletschern, Graten auf, die nacheinander ihre
Umrisse klärten und wieder verschmolzen. Und endlich,
weit oben, viel höher als man ahnte, in höchster Him-
melsferne, das weiße Haupt des Everest.*

**23.6.
1921**

Sie schauen aus nordöstlicher Richtung und können erkennen, dass ein langer Grat auf sie zuläuft. Nicht weit
unter dem Gipfel bildet der Grat eine schwarze Schulter,
die Mallory für ein unübersteigbares Hindernis hält.
Rechts davon zeichnet sich ein Stück des Grates in Sei-
tenansicht gegen den Himmel ab, und dieses Stück ist
nicht allzu steil.

*Unsere Aufgabe war nicht klar oder einfach, und wir
gaben uns keiner Selbsttäuschung hin. Vor allem mussten
wir den Berg finden. Wahrscheinlich mussten wir mehr als
einen Zugang erforschen und viele Täler besuchen, deren
hohe Wasserscheiden zu langen Umwegen zwingen. Wir
mussten herausfinden, von welcher Seite man sich den
verschiedenen Graten des Berges am besten nähert. Und
schließlich wollten wir nach der Einkreisung des Mount
Everest den Gipfelbau genau untersuchen. Wir mussten
alle Flanken, Wände und Grate kennenlernen, die Ge-
heimnisse seines Aufbaus.*

Ich war mir der Größe der Aufgabe bewusst. Mein Gegner war
ein Riese! Wo waren die verwundbaren Stellen seiner Rüstung?
Wo ein Hoffnungsschimmer? Nur dort wollte ich mein Glück bis
zur Erschöpfung versuchen. Der Gipfelsturm war dann eine
Sache für sich, eine Sache für mich.

In der Folge zeigt sich, dass der Mount Everest gar nicht
so schwer zu finden ist. *Wir entschieden uns für den
nördlichen Zugang. Wir erfuhren, dass man in zwei Tagen
zu einem Kloster namens Tschöbuk gelangte, von wo aus
ein Tal zum Mount Everest führt. Diese Auskunft erwies
sich als richtig. Es war aber nicht leicht, Tschöbuk zu er-*

reichen. Die Schwierigkeiten ergaben sich nicht aus dem Gelände, sondern aus den Gepflogenheiten der Tibeter.

Als wir mit den vier in Tingri gemieteten Tragtieren etwa fünf Kilometer in der Ebene zurückgelegt hatten, bemerkten wir, dass die Treiber in die falsche Richtung gingen. Da wir dieser nicht ganz sicher waren, verließen wir uns zuerst auf die ortskundigen Einheimischen. Schließlich fiel uns aber auf, dass ihr Weg einen Winkelabstand von mindestens 60 Grad zu der Himmelsrichtung hatte, in der wir nach Karte und Kompass unser Ziel ungefähr vermuten durften. Nun begann ein unendliches Gerede, aus dem wir errieten, dass unsere Führer je länger, je lieber nach Tschöbuk unterwegs sein wollten. Am liebsten fünf Tage. Der Begriff der »passiven Resistenz«, der Arbeitsdehnung, ist den Tibetern offenbar schon längst geläufig. Schließlich vereinbarten wir eine gütliche Trennung.

Gyaltsen begleitete die Gepäckkarawane bis zum Umladedorf, das ursprünglich als Nachtlager ausersehen gewesen war. Wir dagegen ritten auf eine Brücke zu, die über den Rongbuk-Fluss führt. Am Fuße einer gewaltigen Moräne warteten wir auf die frischen Tiere, die endlich in der Ferne auftauchten. Spät kamen wir an diesem Abend zur Ruhe, empfanden aber große Genugtuung darüber, dass wir den Eingeborenen das Verlängerungsspiel verdorben hatten.

25.6. 1921

Am 25. Juni überschreiten sie bei Tschöbuk den Fluss. Da sie nichts von ihren Vorräten verlieren wollen, beschließen sie, die Tiere durchs Wasser zu treiben.

Sie folgen dem rechten Ufer des Rongbuk, um an den Gletscher zu kommen. Etwa eine Stunde oberhalb von Tschöbuk betreten sie dann eine Schlucht, in der linker Hand rote Wände aufragen. Unter diesen liegt ein Streifen fruchtbaren Bodens mit üppigem Pflanzenwuchs: Gras, Gebüsch, Rhododendron, Wacholder und gelbe Astern sind zu einem bunten Band verwoben. Zuletzt steigt der Weg steiler an und zwängt sich zwischen zwei Tschorten hindurch. *Wir standen gebannt. Wohl hatten wir erwartet, den Mount Everest zu sehen, aber Denken und Fragen schwiegen, als wir sahen. Wir fragten nichts, wir sagten nichts, wir standen nur und schauten.*

Die Nordansicht des Mount Everest! Ein eigenartiges Bild! Das Rongbuk-Tal ist wie geschaffen, den Berg wirkungsvoll hervortreten zu lassen. Auf 30 Kilometer hin verläuft es fast schnurgerade und nur 1200 Meter ansteigend. Der Mount Everest im Talschluss ist weniger Gipfelbau als ungeheure Bergmasse, nur einfache Linien, keine gezackten Kämme mit malerischen Türmchen, und wegen der waagrechten Schichtung des Gesteines bleiben alle Linien glatt.

Trotzdem, der Mount Everest ist ein rauer Riese. Er hat nicht das Wesen eines Firnberges mit runder Kappe und sanft geschwungenen Mulden. Er ist ein mächtiger Felsklotz mit aufgepudertem Schnee, dem Spiel der Winde ausgesetzt. Eine seltsame Form zeigt der lange Ausleger des Nordwestgrates, der mit seinen nur angedeuteten Streben an ein mächtiges, mit Firn überdachtes Kirchenschiff gemahnt. In der Tat musste ich oft an die Kathedrale von Winchester denken, an ihr langes, hohes Schiff mit dem gedrückten, viereckigen Turm. Nur aus weiter Entfernung würdigt man die große Höhe dieses Bauwerkes, das imstande scheint, einen viel luftigeren Turm zu tragen. Ähnlich ist es mit dem Mount Everest, dessen Spitze so fern am Schlusse endlos langer Firste liegt, dass man trotz des immer gegenwärtigen Eindruckes wuchtiger Größe erst aus weiter Entfernung auch den Eindruck ungeheurer Höhe gewinnt. Der Berg ist turmlos und könnte doch leicht einen Turm tragen. Ein auf den Everest gesetztes Matterhorn würde den Unterbau in keiner Weise beschweren.

26.6. 1921

Am 26. Juni schlagen Mallory und Bullock angesichts dieses Mount Everest ihre Zelte auf. Nach dreitägiger Reise vom Hauptquartier in Tingri haben sie im Rongbuk-Tal den Ort gefunden, der vier Wochen lang ihr Standlager sein soll.

Damals konnte ich noch warten, und ich wollte warten: auf den richtigen Augenblick, auf mein Schicksal, auf die Chance meines Lebens. Denn nur von mir hing es ab, ob der Mount Everest bestiegen wurde. Zwischen diesem Berg und mir war eine Verbindung entstanden, die wachsen und bleiben musste, um zeitlos zu werden, zeitlos über meinen Tod hinaus.

Weder Bullock noch Mallory kennen andere als Alpenberge. Sie müssen also immer auf ihre Erfahrungen in den Alpen zurückgreifen, um den Gebirgsbau im Himalaja zu begreifen und die zum Erreichen irgendeines Punktes erforderliche Zeit oder Kraft abzuschätzen. Wie lange aber sind sie auf den alpinen Maßstab angewiesen? Wie lange brauchen sie, um diese neue Welt zu verinnerlichen? In den Alpen sind die Hauptgletscher bequeme Zufahrtsstraßen, in Tibet ist das anders. Alles geht so langsam – wie auch das Klettern höher oben.

So gut, wie viele es wünschen, war ich als Felskletterer nicht, und vielleicht hat Longstaff Recht, wenn er meinen Ruf als Bergsteiger weniger auf gelungene Touren zurückführt als vielmehr auf all die Berge, an denen ich gescheitert bin.

27.6. 1921

Die beiden Briten wollen den Gletscher kennenlernen und machen sich auf einen langen und schwierigen Weg gefasst, nicht aber auf eine derartige Enttäuschung: *Überall ging es nirgends hin. Wann kam ein Ende unserer Qual? In den Alpen verflucht man Anstiege am Schluss einer Tour, aber hier überfiel uns das ganz neue Erlebnis einer an Ohnmacht grenzenden Schwäche bei Höhenunterschieden von 30 bis 40 Metern. Nach diesem ersten Ausflug wussten wir, woran wir waren. Auf dem Gletscher lag übrigens ein unerklärliches Etwas, eine böse Luft.* Der Sauerstoffmangel macht sich bemerkbar.

28.6. 1921

Mallory macht sich einen faulen Tag im Lager. *Mich deucht, dass der Berg gar nicht dazu bestimmt ist, bestiegen zu werden. Also banne ich das Vorstellungsbild einer Stufenreihe zum Gipfel. Trotzdem gucke ich immerzu durch den Feldstecher. Allgemein gesagt: Blg E. ist gewölbt, unten steil, oben gegen den Gipfel zurückgebogen. Das letzte Stück des Nordostgrates dürfte gangbar sein.*

Die Leute daheim auf ihren Barhockern sollten sich doch einmal diese Abstürze anschauen! Berge sind anders als auf Fotografien. Alle diese Bilder sind nichts als vorgelogene Welt, Selbsttäuschung. Innerlich sehen wir alle geblendete Männer mit Eisäxten einen Firnhang hinaufkriechen, wenn wir an den Everest-Gipfel denken. Dieser Felsberg ist nichts für Bergsteiger, die im

Halbschlaf wandeln. Ja, uns stand mehr bevor, als meine Rosen-
laune sich träumen ließ.

**29.6.
1921**

*Aufregender Tag mit unbestimmtem Ziel. Es ist immer er-
freulich, wenn man den Posten recht weit vorschieben
kann. Das nenne ich Glück!*
*Das Bild des Mount Everest begann feste Gestalt zu ge-
winnen. Es glich den Umrissen, die der Künstler auf die
Leinwand wirft und die durch allmähliche Ergänzung sich
zum deutlichen Gemälde verdichten.*
Jeder Aussichtspunkt muss bestimmte Fragen beantworten, jeder neue Einblick reizt zu weiteren Fragen
und zum Besuch neuer Standorte. Von jedem Ausflug
bringt Mallory neue Anschauungen mit.
Zugleich haben die Pioniere eine andere Pflicht: die Träger. Sie sind zwar Bergbewohner, aber keine Bergsteiger.
Sie müssen die Kunst lernen, trittsicher über Schnee und
Eis zu gehen, leichte Felsen zu erklettern, Seil und Pickel
zu gebrauchen. Jeder Aufbruch bringt sie alle weiter.

**1.7.
1921**

Es ist eine müde Gesellschaft, die sich über den Gletscher schleppt. *Mit fünf Trägern brach ich auf, um das
große Kar unter der Nordflanke des Mount Everest zu besuchen. Der Schnee auf dem oberen Gletscher war weich
und erschwerte das Gehen. Schlechtes Wetter überfiel uns,
und wir unterlagen im Wettlauf mit den Wolken, sodass
uns dunkel blieb, was mit dem Gletscher geschah, dort,
wo sein westliches Ende unter dem Nordwestgrat liegt.
Am Ende war mir klar, dass man erst auf der anderen
Seite des Berges nach einer Möglichkeit fahnden muss,
ehe man versucht, den Nordsattel vom Rongbuk-Gletscher
aus zu erklimmen.*

Mit welcher Selbstverständlichkeit wir Bergsteiger uns selbst
belügen. Ich brauche nur meinen Bericht von 1921 zu lesen. Was
taugen all die schönen Schilderungen? Man muss sich das alles
vorstellen: feuchte Socken im Zelt, Übelkeit erregende Petro-
leumdünste, verschmierte Hände, die ganze Sauerei. Unfähigkeit aus Mangel an Übung ist der Hauptgrund für das Dilemma.
Aber alle Erkenntnis der Ursachen hält nicht an, der Selbstbetrug
geht weiter, als schwacher Trost nach jeder Tour. Der erste
Grundsatz des Bergsteigers, dass er die Bequemlichkeit suchen

soll, solange es geht, darf ersetzt werden durch die Aufforderung, vernünftigerweise zu Hause zu bleiben.

12.7.
1921

Mallory und Bullock wollen den Lho La und die Südabstürze des Mount Everest erkunden.

Wir liefen wieder einmal in dichtem Nebel, es blies ein garstiger Wind und es schneite. Während wir gegen das Schneetreiben ankämpften, in dem man nichts deutlich sah, hatten wir das Empfinden einer stetig enger werdenden Gegend. Dazu kam, dass im Gletscher immer größere Spalten klafften. Wir landeten auf einem Vorsprung, wo wir nach langem Starren in den Nebel schließlich entdeckten, dass wir uns am Rande eines tiefen Abgrundes befanden. Also gingen wir nicht weiter.

Von der Landschaft war nichts zu erkennen. Nachdem wir noch etwas gewartet hatten, zogen wir uns zurück. Widerwillig. Wohin waren wir gekommen? Unmöglich zu sagen! Nur so viel war sicher, dass es hier keinen einfachen Zugang zur Westseite des Mount Everest gab. Hatten wir wirklich den Grenzsattel gegen Nepal betreten?

Als wir im Lager eintrafen, erwartete uns anderer Verdruss: Der Lastzug mit Vorräten und Yakmist vom Standlager war nicht eingetroffen. Da es im Rongbuk-Tal kein Holz gibt, sind sie auf die Mistlieferung aus Tschöbuk angewiesen, und das unfreundliche Wetter lässt Herdfeuer und Wärme erst recht vermissen.

19.7.
1921

In der Dunkelheit sind Mallory und Bullock aufgebrochen. Es ist Nacht und ziemlich bewölkt. Der Mond lugt über die Kämme und wirft närrische Schatten auf die Firne. Welch ungeheuerlicher Zahn starrt da kohlschwarz ins bleiche Licht? Nach dem Monduntergang wird es hell genug, um die Laternen entbehrlich zu machen. Als der Morgen dämmert, ist der Himmel zwar überzogen, aber die Wolken zerstreuen sich wie schuldbewusste Geister der Finsternis. Als die Pioniere um 6 Uhr vom Lho-La-Sattel ins Westkar hinabschauen, treffen die ersten Sonnenstrahlen den Westgipfel. Frostschaurig und abweisend liegt das Khumbu-Tal im Schatten des Everest.

Wir waren um eine Enttäuschung reicher. Ein unmöglicher Abgrund! Auch ein Quergang nach links ins Kar hinein ist

ausgeschlossen. Aber wenigstens hatten wir diesen West-
gletscher gesehen. Er ist steil und arg zerklüftet. Diese
Flanke konnte man nur von Nepal aus angehen.
Die Westseite war für uns damit erledigt. Es ist auch un-
wahrscheinlich, dass man von Westen her in die Lücke
zwischen Everest und Lhotse kommt. Diese Welt ist zu
groß! Wir mussten also andere Teile des Berges untersu-
chen. Konnte man den Nordsattel vielleicht von Osten her
gewinnen? Und auf welchem Weg?

Muss ich bekennen, dass ich es war, der den Schlüssel zum
Mount Everest fallen ließ? Nein, damals war der Khumbu-Eis-
bruch unmöglich, und auch spätere Bergsteiger-Generationen
hätten den Aufstieg von Norden gewagt, wenn sie gekonnt hätten. Insgesamt ist der Berg von Tibet her zugänglicher.

25.7.
1921

Gleichzeitig mit den Erkundern trifft im Standlager ein
Brief von Oberst Howard-Bury ein, in dem er mitteilt,
dass er am 23. Juli von Tingri nach Kharta aufbricht und
zwei Tage später in Tschöbuk übernachten wird.
Khanta, dieses Seitental, ist schon lange ein Gegenstand
auch ihrer Neugier. Quer durch unbekanntes Gelände
wollen sie sich dorthin durchschlagen. Sie rechnen aus,
dass Mundvorrat für acht Tage reichen wird. Der große
Tross soll mit Howard-Bury unten herum reisen. *Aber*
ausgerechnet jetzt zeigte sich Reibung im Getriebe. Es
konnte nicht reibungslos laufen, solange wir einen Träger-
obmann hatten, der zugleich unentbehrlich und ein
Schurke war. Dieser käsebleiche Hund hatte, ehe wir es
entdeckten, die Träger um ihr Essen betrogen. Dazu kam
eine selbstgefällige Unfähigkeit, die kaum weniger anwi-
derte als seine niederträchtige Falschheit. An dieser Klippe
scheiterte unser Plan.
Einerseits waren wir überzeugt, dass dieser Mensch den
größten Unfug anrichten werde; andererseits stand sonst
niemand zur Verfügung, der Vorräte im Land besorgen
konnte. Das entschied die Sache.

Die Frage, warum wir den Rongbuk-Gletscher gar nicht beach-
teten und dann vergaßen, ist mir peinlich. Schmach über mich!
Alles nur, weil ich in Gedanken immerzu zu hoch oben war, Richtung Gipfel. Der Rongbuk-Ostgletscher ist aber der beste Zu-

gang zum Nordsattel, und wer den Gletscher sieht, sagt sich, dass er der gegebene Weg zum Everest-Gipfel ist. Ich hatte den von Osten kommenden Rongbuk-Gletscher gesehen und sein Firnbecken gegen Süden bemerkt. Wenn das Becken aber irgendwie bedeutend war, wie konnte der Bach dann so unbedeutend sein, fragte ich mich. Aber vielleicht ist es beim Bergsteigen wie mit der Liebe, die blind macht. Auch wenn der Abfluss des Ost-Rongbuk-Gletschers sich durch erstaunliche Wasserarmut auszeichnet, sind besessene Bergsteiger anscheinend schlichtweg zu arm an Phantasie.

Das von Oberst Howard-Bury in Kharta angelegte Standlager ist für die Bergsteiger wie geschaffen. Hier konnten sie sich ausruhen und den Leib nach den Kasteiungen des Hochgebirges pflegen. Kharta liegt verhältnismäßig tief, das Klima ist angenehm: die Luft mild, ohne drückende Hitze; die Sonne scheint hell, ohne zu stechen; die Wolken spenden mäßige Feuchte, die nie in Dauerregen ausartet. Da sie an der Handelsstraße nach Nepal lagern, sind immer frische Nahrungsmittel zu haben.

Mehr noch als der Körper empfand das Gemüt den Wechsel. Nach den grauen Hängen, den Geröllhalden und Eiswüsten des Rongbuk-Tales, und trotz all der erhabenen Hochgebirgspracht, waren blumige Wiesen und Bäume und Felder eine Wonne.

Ein Blick in die tiefe, grüne Arun-Schlucht setzt dem Erinnerungsbild der kärglichen, dürren Landschaft im windigen Tibet üppige Fülle entgegen.

Kharta war ein guter Standort für weitere Erkundungen. Hier mündete ein Gletscherbach in den Arun – der erste Gletscherbach, den wir seit Verlassen des Rongbuk-Tales antrafen –, der von Westen und somit wahrscheinlich vom Mount Everest kam. Sein Tal war das Ziel der nächsten Fahrt. Dorthin machten wir uns auf den Weg, nachdem wir vier Tage gefaulenzt und unsere Sachen geordnet hatten.

2.8. 1921

Ein Dorfhäuptling wird beauftragt, die Expedition zum Chomolungma zu begleiten, indem er ortskundige Führer stellt, die die besten Furten über den Bach zeigen und an Talgabelungen vor Irrtümern bewahren sollen.

Angesichts der noch schwülen Stimmung ziehen Bullock und Mallory es vor, die Karawane zu treiben, anstatt sie zu führen. Denn in einem mit Weilern und Gehöften reich besetzten Tal ist der Weg des Trägers mit Fußangeln und Schnaps gespickt. Bei mangelnder Aufsicht ist es sonst leicht möglich, dass die Herren am Ende des Tages nur das halbe Gepäck bei sich haben.
Also kamen wir nur langsam vorwärts. Als wir nach kaum 13 Kilometern als Letzte gegen 4 Uhr nachmittags um eine Ecke bogen, sahen wir die Zelte auf einem Rasenplatz errichtet, wo links ein Bach aus einem Seitental floss. Der tibetische Häuptling und seine tibetischen Träger hatten jedenfalls keine Lust weiterzuziehen.
Wir befanden uns an einer Talgabelung, von der man uns erzählt hatte. Der Führer wies nach links. Da war ein Tal, aber kein Gletscherbach. Wohin führte uns das Schicksal? Der Dorfälteste verkündete, dass es fünf Tage bis zum Chomolungma wären.

Ich habe nur kurz erklärt, dass er uns in zwei Tagen hinzuführen hätte. Aus, basta! So verschaffte ich mir Respekt. Was glauben denn diese Leute! Wie, wenn nicht als Befehlsgeber, sollte ich mir eine Trägerkolonne erziehen für mein Ziel? Wie sonst hätten diese Leute lernen sollen, was ich wollte?
Was die Träger am ersten Tag ausgefressen hatten, machten sie am zweiten gut. Sie gingen, wie ich es befahl. Nur so kamen wir noch rechtzeitig über die Rhododendrongrenze und weiter an den Mount Everest heran, dem Ziel meiner Sehnsucht näher. Bitte keine Vorwürfe! Was hätten die Träger davon gehabt, wenn ich aufgegeben hätte? Nichts als das Nachsehen. Also war es auch gut für sie, nicht nur für mich, wenn ich sie weitertrieb.

Als der Erkundungstrupp auf dem Langma La anlangt, steht Mallory 1200 Meter über dem letzten Lager – und außerdem vor einem Rätsel. Während er auf Risse im Nebel wartet, fragt er sich nicht nur, ob die tibetischen Träger, die nicht so kräftig wie Sherpas sind und die nassen Zelte schleppen, nachkommen, sondern auch, wo der Berg steht.
Bei einer Unterhaltung abends im Herrenzelt mit Sirdar, Lokalführer, Dorfältestem und Dolmetscher ergab sich die Neuigkeit des Vorhandenseins von zwei Chomolung-

mas. Es war nicht gleich zu erraten, dass einer von beiden der Makalu war.

Ich bat, zum größten aller Chomolungmas geführt zu werden. Was sonst, wollte ich doch immer schon das Höchste und Beste für mich und die anderen. Ich dachte doch immer schon für alle.

4.8. 1921

Der Morgen des 4. August ist Forschungszwecken gnädiger. Sie steigen steil ins Tal hinunter, überschreiten eine schwindsüchtige Brücke, schlängeln sich durch Zwergrhododendren und über liebliche Wiesen, gelangen an einen Gletscher und verfolgen dessen linkes Ufer. *Gegen Mittag geruhten die Wolken sich zu lichten, und wir erblickten links von uns, jenseits eines Gletschers, riesenhafte Abstürze. Man sagte uns, dass sie zum ersten Chomolungma gehörten. Mehr bekamen wir nicht zu sehen.*
Neue graue Wolken eilten heran und überschütteten uns mit Regen. Wir ließen uns bei einem Hirtenlager mit tibetischen Zelten und Yakherden nieder, denn es hatte keinen Zweck weiterzugehen. Wer will schon im Nebel mit dem Kopf gegen die Everest-Ostwand rennen! Zuerst mussten wir sehen, dann planen, dann forschen.
Als Mallory am nächsten Morgen die Nase aus dem Zeltschlitz steckt, sind alle Wetterzeichen gut. Im Hintergrund beginnen die Wolken, die Berge zu verlassen, die Sonne scheint, der Mount Everest reinigt sich. Ein gewaltiger Grat ragt rechts in den Himmel. Was sich da nach und nach offenbart, ist mehr, als er aufnehmen kann – die gesamte Ostflanke!
Diese Großartigkeit, dieser Schauder! Im breiten Talschluss der Everest-Gipfel, darunter das mit Eistrümmern gefüllte Becken, in dem Moränen ihre Striche ziehen, in das Gletscherbrüche münden, die zwischen den Strebepfeilern des Mount Everest hervorquellen. Das Geheimnis dieser Schönheit liegt mehr in Mallorys Phantasie begründet als in der Geographie. Wer den Wunsch nicht kennt, einen Berg zu besteigen, kann weder seine Schönheit noch seine Gefahr sehen.

Ein Bild lebt als überwältigender Eindruck in meiner Erinnerung: der Mount Everest mit seinem Südgipfel und seiner mächtigen Südostschulter. Der höchste Gipfel der Welt! Zu viel für mich?

Heute liefert die Geschichte der Everest-Ostwand der Einbildungskraft reichlich Stoff. Wenn ich damals all das gewusst hätte! Vom Wahnsinn Ed Websters bis zu meiner eigenen Verzweiflung unterm Second Step – ich wäre verrückt geworden. Was ist schon Fiktion gegen einen Tatsachenbericht und ein solches Schauspiel!

Immer wieder folgte mein Auge den aufsteigenden Linien, den wuchtigen Schultern, den Graten und der gezackten Kante des Hängegletschers, der den oberen Teil der Ostwand des Everest überzieht. Wenn man nur schon dort oben wäre! Ich fand, dass die Pracht des Hochgebirges durch einen lieblichen Vordergrund nur gehoben wird. Erst als ich genug geträumt hatte vom Chomolungma, der Göttin-Mutter der Welt, und vom Cho Oyu, der Göttin des Türkis, fand ich zurück zum Talboden, zu den grünen Matten, wo unsere Zelte im Wind standen, wo Rinder grasten und die köstliche Buttermilch gekühlt im Bachwasser stand. Obwohl im Geiste ganz oben bei den Göttern zu Hause, blieb ich auch dem sanfteren Wesen treu, das die Landschaft zu ihren Füßen belebt.

Mallory richtet seine Aufmerksamkeit nun auf einen weißen Gipfel namens Carpo-ri, der auf der Wasserscheide liegt. Sollte ihnen die Besteigung gelingen, würden sie nicht nur ins Ost-Rongbuk-Tal und zum Tschang La schauen, sondern die gesamte Ostflanke des Mount Everest vor sich haben.

Nie werde ich mich über die unbeabsichtigte Irrfahrt ins Kama-Tal beklagen. Sicher, für den Anstieg zum Nordsattel befanden wir uns auf der falschen Seite der Wasserscheide, denn vom Grunde des Everest-Nordostgrates zieht eine Bergkette ostwärts, die das Kama-Tal links begrenzt. Der von uns gesuchte Gletscher musste sich drüben befinden.

6.8. 1921

Am 6. August nehmen die Erkunder die Whymper-Zelte mit und bauen sie in etwa 5300 Meter Höhe neben einer Moräne auf. *Als mit einbrechender Nacht der Schneefall immer noch andauerte, waren wir ein wenig beunruhigt, doch weigerten wir uns, an anderes als des Himmels vorübergehende Laune zu glauben.*

Als wir die Kerzen ausbliesen, wurde es klarer, dann kam Mondschein. Große Dinge konnten geschehen: Aus frost-

schimmernden Nebeln hob sich jetzt der Mount Everest in unfassbare Höhen. Nein, kein schwebendes Trugbild, kein Wolkenberg, mein Traumberg. Nichts konnte standhafter, zeitloser sein als dieses Ziel! Der Mount Everest wie ein Fixstern, aufgehängt im All.

Warum ist es dem Erhabenen bestimmt, neben dem Alltäglichen zu stehen? Wie konnte ich mich mit diesem Gipfel identifizieren? Nur weil ich hinaufsteigen wollte? Hinauf in die Nächte unter den Sternen? Es ist ein Zustand wie im Rausch, Gedanken fallen dabei vom Himmel. Angst, Hoffnung, gemeine Wirklichkeit verlöschen im Hindämmern unter dem Firmament.

7.8. 1921

Am Morgen des 7. August überwiegt wieder der Alltag. Eine Starre, tiefer als gewöhnlich, lastet in der zweiten Morgenstunde über dem durchfrorenen Lager. Der Koch fühlt sich unwohl. *Die Träger dehnten ihr Frühgebet nach dem Weckruf ungebührlich aus, zögerten, trödelten, wickelten die Decken fester um sich und schnarchten weiter.*

Wie verwandelt ich damals war! Ich, George Leigh Mallory, ein notdürftig gekleideter Herr, der sonst das Vorrecht genoss, dem Daunensack als Letzter zu entkriechen, war seit Tagen mit Eifer, wenn auch nicht immer mit Hingabe unterwegs. Ich suchte meine gefrorenen Habseligkeiten zusammen, stolperte über glatte Moränenblöcke und hatte mich bei Sonnenaufgang schon hoch den Berg hinaufgeschraubt. Dort erwartete ich das Wunder: Noch vor dem ersten Dämmerlicht belebte ein schwacher, blauer Schein die Umrisse des Mount Everest. Später floss blasses Gelb, dann lebhaftes Blaugrau über meinen Berg, bis schließlich die Sonne Gold über den Gipfel goss und alle Schatten von den Hängen glitten. In Vorausahnung kommender Größe blieb ich stehen, um das Wunder wieder und wieder zu erleben. Meine Schicksalsfrage stellte sich nicht. Wozu auch? Wie die verschiedenen Spitzen und Grate die Morgensonne auffingen, sagte mir alles: Der Everest war mein Berg, mein Ziel, mein Schicksal.

Mallory schaut häufig und lange zur Everest-Ostwand hinüber. Der obere Teil wirkt flach, ein Schneehang. Aber auch der untere Rand des Hängegletschers muss ins Auge gefasst werden. *Man brauchte nicht viel hinzustarren, um zu begreifen, dass die Felsen dort von Eis-*

geschossen bestrichen werden. Ebenso stand fest, dass jeder irgendwie denkbare Anstieg dort auszuschließen war. Viel zu anstrengend, viel zu zeitraubend, viel zu gefährlich! Ein Hasardeur ist er nicht.

Andere mochten diese Wand anpacken, wenn sie Lust dazu verspürten. Ich gehörte ganz bestimmt nicht zu ihnen. Ich war vielleicht verrückt, aber nicht lebensmüde, nicht krank.

Die Erkundungsexpedition nähert sich weiter dem Ziel. Es wird immer anstrengender. Als die Wasserscheide erreicht ist, kommt Spannung auf. *Drüben floss ein Gletscher gegen Osten, und jenseits desselben erhoben sich zwei Gipfel, die wir sofort als bekannte und vermessene Punkte ansprachen. Jeder über 7000 Meter hoch. War das endlich das Tal, welches wir vor so langer Zeit, vom Hügel bei Schiling aus, gesehen hatten? Noch waren wir nicht sicher. Der obere Teil des Gletschers lag noch verborgen. Wir mussten also höher hinauf, um unsere Neugier zu befriedigen, um womöglich sogar das Ziel unserer Sehnsucht, den Tschang La, den Nordsattel, zu sehen.*
Das Steigen im nassen Schnee, trotz oder auch wegen der Schneereifen, ist anstrengend. Dazu kommt die Höhe. *Wir behielten die Schneereifen an und legten uns kurz hin: flach auf den Rücken, Fußsohlen und Schneereifen senkrecht im Schnee. Unsere Runde, bunt durcheinander gewürfelte Gestalten, war nicht gerade ermutigend.*

Ohne viele Umstände dreht die Gesellschaft ihre Zehen himmelwärts und vergisst einfach weiterzusteigen. Das Leben will genossen sein; warum sonst zu Berge steigen? Glauben muss es ja niemand, aber ich war nicht der Einzige, der die Schneetreterei nicht genoss. Der Bergsteiger nämlich, sofern er nicht zu den Übermenschen gehört, ist in 6400 Meter Höhe viel zu faul, um Naheliegendes zu tun, sogar wenn es um seinen Berg geht.

Durch einen Wolkenriss hindurch erhascht Mallory plötzlich den Everest-Nordgipfel, Tschangtse genannt, und entlang seiner Gratlinie zum Everest hin den Sattel dazwischen, den Nordcol. Dorthin muss er. Was er aber brennend gern sehen will, die Hänge unter dem Nordsattel, bleibt verdeckt. Ein Weilchen später öffnet sich der Blick nach Nordost: *Der Nebelschleier war dünn, aber doch durchsichtig genug, um den Nordsattel zu erahnen. Ich musste ihn aber deutlich sehen. Wieder wallten Wolken aus dem Hexenkessel herauf und packten uns vollkommen ein. Als ich sah, erhielten meine Zweifel an der Unmöglichkeit des Mount Everest ihren Gnadenstoß. Nicht nur ist die Gratschneide zackig und steil, auch die Hänge darunter lassen keine vernünftige Wahl. Sollte jemand sich die Mühe machen, eine Woche an den unteren Teilen herumzubasteln, dann würde er zweifelsohne an der Spitze jener grausamen Sichel scheitern, die den Zugang zum letzten Abschnitt, zu den mächtigen Felstürmen der Nordostschulter, verwehrt. Zu dieser Erkenntnis bedurfte es keiner langen Tüftelei.*

Tage wie dieser haben uns oft getäuscht, wir blieben alles schuldig. Zahlen würden die anderen mit ihrem Nachsteigen. Denn verdattert sein gehört zum Handwerk des Suchers, nicht zum Tagwerk der Kulis.

Also was tun? Weitersuchen! Nur ein schlechter Bergsteiger geht über ausgetretene Pfade. Und wo Hoffnung ist, ist auch ein Weg. Man nennt das Liebe zur Sache. Also keine Enttäuschung aufkommen lassen! Der arbeitende Geist überwindet Hoffnungslosigkeit und Leiden rasch. Wir zahlten für unsere Hoffnung mit Enttäuschung, die nichts anderes war als der Nachreiz zu hoch gespannter Erwartung. Erwartungen aber konnten nicht Bestandteil unseres Plans sein. Nein, wir setzten jetzt nichts mehr voraus, wir waren die Ersten.

Sie wollen am Ende des Kharta-Haupttals den Gletscher aufwärts verfolgen, was auch ihre ursprüngliche Absicht war. *Erst beim Abstieg bringt das zu neuer Tätigkeit angestachelte Gehirn wieder vernünftige Gedanken zuwege. Die Bewegung verscheucht den müden Dämmerzustand.* Die Zeit drängt. Die Erkundung muss am 20. August beendet sein.

Ob ich je ernstlich an der Besteigbarkeit des Mount Everest gezweifelt habe? Nein, ich habe ab und zu nur so getan, auch vor mir selbst, als gäbe es keinen Weg. Meine Seele ist doch für Größe empfänglich. Ich dachte auch nie an meine Gesundheit. Denn als eingefleischter Schönfärber hielt ich nicht nur die geringste Abweichung von meinem gleichmäßigen Wohlbefinden für ausgeschlossen, sondern auch das Scheitern am Mount Everest. Das alles war nur meinem Berg und meinem Anspruch zu verdanken, meine Sache ganz tun zu müssen.

11.8. 1921

Drei Tage später, am 11. August, stehen die Zelte hoch oben im Kharta-Tal, in 5000 Meter Höhe. Zwei Seitenbäche haben die Männer übergangen: den ersten, der von Norden kommt, weil er offensichtlich zu klein ist; den zweiten, von Süden her fließend, weil seine Quelle, wo immer sie ist, nicht weit genug nördlich liegen kann. *Vor uns war eine Talgabelung, und wir beschlossen, dem stärkeren Wasser entgegenzugehen. So hofften wir, in das gesuchte Gletscherbecken zu gelangen und ermitteln zu können, ob der Tschang La von dort erreichbar war.*
Es lag in der Luft, die nächsten Tage würden die letzte Steigerung oder den tiefsten Höllensturz der Erkundungsfahrt bringen. Hielten wir bald den Schlüssel des Geheimnisses in der Hand, das zur größten aller Entdeckungen auf dem Weg zum Everest-Gipfel führte?
Mallory ist jetzt immerzu voraus.

Nein, mir ist nie der Gedanke gekommen, meinem Gefährten den Rang abzulaufen. Von Anfang an haben Bullock und ich alle Freuden und Sorgen geteilt und uns niemals gegenseitig beneidet. Trotzdem, am Schluss war mir die Vorstellung schmerzlich, nicht der Erste zu sein.
Und mit solchen Gedanken ist man entweder Sieger oder ein toter Mann. Niemals Zweiter.

Als Mallory krank wird und Bullock ohne ihn weggeht, Richtung Ost-Rongbuk-Gletscher, quälen ihn schwarze Gedanken. Einige Stunden vor Dunkelheit erreicht Bullock einen Lagerplatz, von dem er eine Gletscherzunge sieht, und abends kommt ein Träger den steilen Erdhang zum Lager heruntergelaufen und bringt Mallory folgendes Schreiben: *Vor mir sehe ich den Gletscher hinauf, der oben in einen Hochpass ausläuft. Hoffe morgen auf den Pass zu kommen und auf der anderen Seite unseren Gletscher zu erblicken. Es scheint mir fast, als sei die unwahrscheinlichste aller Lösungen die richtige und als flösse jener Gletscher ins Rongbuk-Tal.*

Ins Rongbuk-Tal! Diese Möglichkeit haben sie erwogen, aber nie für möglich gehalten. Nun ist alles wieder offen. *Das Geheimnis lockte, es erschien undurchdringlicher denn je und machte die Sache noch reizvoller. Bald sah auch ich den Gletscher hinauf, auf den wir am 7. August hinabgeschaut hatten. Was lag näher, als die Welt auf den Kopf zu stellen? Anstatt den Fuß eines Gletschers zu suchen und dann aufwärts zu gehen, konnten wir viel bequemer seinen Ursprung anzapfen und ihn, wenn nötig, abwärts verfolgen.* Auf diesen Gedanken setzt Mallory alle Hoffnungen. Ein Versuch bietet immerhin Aussicht auf Erfolg, und sie ersparen sich so das Verlegen des Standlagers nach Norden, in die Rongbuk-Gegend, die wiederzusehen Mallory vorerst keine Lust hat. Vier Tage brauchen sie bis zum Pass Lhakpa La, dem sie jetzt so rasch wie möglich zustreben. *Noch nie waren meine Lungen auf eine so harte Probe gestellt worden.*

Hier ein Trick: Regelmäßiges Atemholen, dem Schrittmaß angepasst, ist das Geheimnis der Höhenbergsteigerei. Es gilt nicht nur mit der oberen Hälfte der Lunge zu arbeiten, sondern auch mit dem Zwerchfell. Solange der Körper unter Hochdruck arbeitet, muss tiefes Atmen zur zweiten Gewohnheit werden. Das Ingangsetzen ist leicht, ein stetiger Betrieb des Pumpwerkes aber verlangt Aufmerksamkeit und Ausdauer. Die Ursache plötzlicher Müdigkeit in großer Meereshöhe ist immer die Trägheit der Lunge. Also gilt es, den Takt des Steigens durch die Lunge angeben zu lassen und den Schritt nach der Lunge zu richten. Unter gewöhnlichen Umständen machen wir es ja umgekehrt, indem wir ein Schrittmaß einschlagen und es dem übrigen Körper überlassen, sich danach zu richten.

Es bleibt noch zu entscheiden, auf welchem Weg man das Gletscherbecken zwischen Lhakpa La und Tschang La erreichen soll. Vielleicht können sie das alte Standlager an der Zunge des Rongbuk-Gletschers benutzen? Aber jetzt ist das Wetter wieder schlecht und der Berg weit weg. *Obwohl wir kaum etwas sahen im Nebel, wäre ich jede Wette eingegangen, dass man irgendwie auf den Mount Everest hinaufgelangte. Es gab einen Weg. Auch war ich fest entschlossen, vor unserer Heimreise den Aufstieg von Osten her zu erzwingen.*

Der September war der beste Monat für Bergbesteigungen. Daher hatten wir schon immer damit gerechnet, den Hauptangriff im September zu wagen. Wir wollten uns also an die Sprüche jener Weisen halten, die einen schönen September verkündet hatten. Anfang des Monats würde der Monsun aufhören. Dann folgen klare Sonnentage, die den Schnee schmelzen, und sternklare Nächte, die ihn beinhart machen. Schlimmstenfalls würde das beständige Wetter durch kurze Launen unterbrochen.

Die vorläufige Erkundung ist abgeschlossen. Große Befriedigung erfüllt Mallory. Vor ihm liegt das krönende Abenteuer, der Gipfelpunkt aller Fahrten. Er hofft auf den September.

Ich musste so nah wie möglich an die höchste Spitze herankommen. Also munterte ich mich selbst auf, immer wieder. Was hätten die Bergsteiger von heute davon gehabt, hätte ich damals resigniert und aufgegeben? Wieder einmal das Nachsehen! Jetzt haben sie einen präparierten Weg, den alle gehen können, die von fast 9000 Meter Höhe telefonieren oder hinterher Ansichtskarten schreiben wollen.

**20.8.
1921**

Die Expedition wird neu formiert, alle werden zusammengerufen, Wissenschaftler und Bergsteiger. Es geht um den Schlüssel zum Berg, um den Erfolg der Erkundung.

Am 20. August begaben wir uns nach Kharta, um uns auszuruhen und die Sachen zu richten. Die Gesellschaft versammelte sich zum Sturmangriff, bei dem jeder nach besten Kräften helfen wollte. Oberst Howard-Bury und Wollaston waren schon da, Dr. Heron traf am nächsten Tag ein, und etwas später erschien auch Major Wheeler. Natürlich waren wir auf ein Gespräch mit Major Wheeler sehr begierig, denn er hatte im Rongbuk-Tal gearbeitet, nachdem Bullock und ich schon fort waren. Er bestätigte die Andeutung einer Kartenskizze, dass der Gletscher, den wir vom Lhakpa La aus gesehen hatten, tatsächlich ins Rongbuk-Tal entwässert. Diese Gewissheit konnte unseren Plan aber nicht mehr umstoßen. Wir begnügten uns mit dem gefundenen Weg und zerbrachen uns über den Ost-Rongbuk-Gletscher vorläufig nicht weiter den Kopf.

**20.9.
1921**

Einen Monat später, am 20. September, macht sich Mallory mit Morshead daran, 14 Traglasten auf den Lhakpa La zu leiten. Ein Mann ohne Gepäck und Sanglu, der Vertreter des Sirdars, gehen mit den Sahibs voran, sodass vier Mann den Weg für die beladenen Leute stampfen. Obgleich die Hoffnungen, einen hohen Punkt am Mount Everest zu erreichen, gedämpft sind, will Mallory doch so lange am ursprünglichen Plan festhalten, bis es gelingt oder die Umstände zu einer Änderung zwingen.

Der frühe Aufbruch am 20. September lässt sich gut an. Die Verhältnisse sind ideal: eine feste, knirschende Schneeunterlage! *Munter gingen wir geradewegs auf den Mount Everest zu, von der Hoffnung beflügelt, die aus Übermut erwächst. Wir mussten trotzdem häufig stehen bleiben.* Bald aber zieht sich die Kette unordentlich auseinander, und Mallory geht voraus, um zu beweisen, dass das Ziel erreichbar ist. Er will Anstifter sein.

Am Sattel sehen sie dann den Tschang La erstmals klar vor sich, darunter eine gewaltige Firnwand, vielleicht 300 Meter hoch! Wie sollen sie den Nordsattel über diese Wand erreichen?

Die Teilnehmer der Expedition von 1921: stehend von links Wollaston, Howard-Bury, Heron und Raeburn, sitzend von links Mallory, Wheeler, Bullock und Morshead

Wollaston hält sich für nicht befugt mitzumachen. Nur Wheeler hat genügend Bergerfahrung und soll daher Bullock und Mallory begleiten. Trotzdem wollen diese nicht gleich auf Howard-Bury und Morshead verzichten, die weiter oben wertvolle Dienste leisten könnten. Auch Wollaston darf vorerst nicht schmählich im 6000 Meter hoch gelegenen Lager zurückgelassen werden, wo am 20. September alle versammelt sind.

22.9. 1921

Böen aus Nordwest machen den Sattel zu einem frostigen Aufenthalt. Mallory hofft, mit der vollen Trägerzahl weiterzuarbeiten, aber am Morgen stellt sich heraus, dass drei Männer, darunter zwei der besten, krank sind. Höhenkrank? Infolgedessen werden einige Lasten schwerer als gewünscht.

Unter »Bergkrankheit« verstehe ich nicht Erbrechen, sondern einen Zustand der Schwäche, die eine Abneigung gegen jede Tätigkeit zur Folge hat. Irgendwo in der Höhe trifft sie uns alle.

Am Lhakpa La werden Vorräte als eiserne Reserve für die Bergsteiger zurückgelassen, dann bummeln sie hinunter auf den Firn unter dem Nordsattel und schlagen ihre Zelte auf.
Wilde Windstöße zerrten nachts an den Zelten, drohten sie fortzuwehen und verschwanden wieder, so schnell sie gekommen waren. Ein unbehagliches Gefühl der Erwartung hielt mich wach.

25.9. 1921

Der Aufstieg zum Nordsattel beginnt.
Wir verließen das Lager eine Stunde nach Sonnenaufgang. Eine halbe Stunde später knackten die Schneekrusten im Firnhang unter dem Sattel. Drei der besten Träger waren bei uns und wurden für die schwerste Arbeit eingespannt. Abgesehen von wenigen Stufen an der Ecke einer Randkluft war alles dickschädelige Schneewaterei: erst schräg nach rechts über teilweise gefrorenen Lawinenschnee, dann links in einem langen Zug zur Passhöhe.
Nur eine kurze Stelle nahe dem Sattel machte mir Sorgen. Hier war der Hang steil, und der Schnee lag tief. Nach 500 Schritten war auch diese Passage überstanden. Noch vor Mittag ist der Tschang La erreicht! *Wir waren müde, aber*

Unter der Steilflanke, die zum Nordsattel führt

noch lange nicht erledigt. Ich fühlte mich so in Schwung, dass ich meinte, noch 600 Höhenmeter unter mich zu bringen, wenn der Wind nicht wäre. Im Aufstieg hat Mallory sich mit den Augen oft den Sattel entlang zu den Felsen des Nordostgrates getastet. Möglich, wenn kein Sturm bläst, denkt er. Alle Zweifel sind geschwunden. Wenn sie je an der Begehbarkeit dieser Rippe gezweifelt haben, so weiß Mallory jetzt endgültig, dass der Mount Everest ihm gehören wird.

So weit ich die Rippe verfolgen konnte, waren Schrofen und Firnhänge leicht und ungefährlich. Nur dieser Wind! Er überfiel und erstickte uns unter wirbelndem Schneestaub. Über dem Sattel fegte ein Sturm. Mit seiner ganzen Wut warf er sich auf den First, über den der Weg führen sollte. In riesigen Wellen hob er den pulvrigen Neuschnee von der Everest-Flanke. Das genügte. Jedes weitere Vordringen wäre Narretei gewesen.

Der 25. September ist der Tag der Entscheidung. Entweder müssen sie das Lager auf den Pass nachziehen oder den Rückzug antreten. Bald wird hier Winter sein.

Was hätte uns ein Lager auf dem Nordsattel auch genützt? Nein, wir waren wirklich nicht fähig, das Abenteuer fortzusetzen. Und was, wenn einer der Herren zusammenbrach? Nur kein falscher Heldenmut! Was hätte man davon gehabt, wäre ich gleich beim ersten Anlauf verschwunden? Nichts als Vorwürfe und Vorurteile. Also sah ich mich vor, wartete auf eine zweite Chance. Das gab mir das Bewusstsein, für den Everest bestimmt zu sein.

> Die Berge tragen jetzt Hauben. Das bedeutet aber nicht notwendigerweise schlechtes Wetter. Die Gewohnheit der Wolken, in den frühen Morgenstunden aus den Tälern aufzusteigen, sich um die Gipfel zu drängen und erst abends auseinanderzugehen, hängt mit dem späten Monsun zusammen. Nach tibetischen Berichten fängt der Monsun am Mount Everest spät an und hört spät auf. Und die Tibeter lügen nur zu bestimmten Zwecken. Die Wetterlüge hätte ihnen keinen Vorteil gebracht.

Wir staunten immer wieder, wie stark der Schnee nach längeren Schneefällen bei trübem Wetter zusammengesintert war. Damals schon wollte ich die Frage lösen, wie die Schneeschmelze in den größten Höhen vor sich geht. Ich hatte ja nicht vor, in den stinkigen Städten alt zu werden oder in den faulen Wintern Englands zu ersaufen. Bis 7000 Meter hinauf schmilzt der Schnee bei warmem Wetter – auch bei Bewölkung – ziemlich rasch; weiter oben, zumal über der Höhenlinie von 7600 Meter, taut er sogar in der Sonne nicht mehr. Darüber konnte es nur einen Aufenthaltsort für die Ewigkeit geben, den endgültigen Platz für mich.

> Bevor ein Weg nicht bis zum Gipfel gegangen ist, enthält er Fragezeichen. Doch Mallorys Zustieg zum Nordsattel war klar. Obwohl bis dahin niemand den Ost-Rongbuk-Gletscher der ganzen Länge nach begangen hat, können sie ruhig annehmen, dass der Weg frei ist.

Heute ist diese Strecke zu einem Trampelpfad geworden und dementsprechend langweilig. Meine Schuld ist das nicht.

> Die schwach ausgeprägte Rippe vom Nordsattel zur Nordostschulter bietet Raum genug für die Wahl der Anstiegslinie. Der Grat ist keine Schneide, sondern eine

breite Rundung ohne Zacken und ohne Stufen. Man kommt sicher glatt durch. Man kann also weit hinaufgehen, ohne auf Hindernisse zu stoßen. Bis 8500 Meter zu kommen ist allerdings nicht ganz einfach. Mallory weiß, dass die großen Fragezeichen am Gipfelgrat zu lösen sind. Auf der schmalen Gratschneide kann das kleinste Hindernis die stärkste Seilschaft aufhalten: ein Türmchen, eine Wand von sechs Metern, eine Steilstufe. Wenn kein Ausweichen möglich ist und wenn nur das kürzeste Stück sich als zu steil erweist, steht man am Ende der Welt. Was dann? Kurz vor dem Nordostgrat wird nicht nur die Neigung stärker, auch die Steilstufen werden oben mehr. Ob alle Hindernisse dort umgehbar sind?

Die meisten Sorgen machten mir die Zacken am Schluss. Viel wird darauf ankommen, dass man den First leicht verlassen und wiedergewinnen kann, um Hindernisse zu umgehen. Die Südostseite ist dabei fürchterlich steil und dürfte Quergänge bestimmt ausschließen. Dagegen werden die schneebedeckten, geneigten Bänder auf der Nordseite, zumeist waagrecht, die Lösung bringen. Ich glaube, dass man sich auf diesen Bändern irgendwie an das allerletzte Hindernis wird heranschlängeln müssen.

Die äußerste Spitze des Berges ist ein scharfer Keil, wie aus dem Bergkörper herausgestoßen. Sein fernstes Ende, der Gipfel, ist nur von Nordosten her und über eine stumpfe Schneeleiste zu erreichen.

Ja, schon 1921, obwohl noch so unendlich weit weg vom eisigen Ziel, wusste ich alles. Denn ich wollte nichts als Hoffnung haben und den Glauben, dass ich es kann. Böse Zeichen sah auch ich, aber die Möglichkeit blieb größer. Deshalb musste ich wiederkommen und ganz hinaufsteigen auf meinen Traum, in den der Everest gekrochen ist. Für immer.

Ob die Besteigung des Mount-Everest-Gipfels menschenmöglich ist? Sicher. Aber die Aussichten auf Erfolg hängen von anderen als rein bergsteigerischen Bedingungen und Fähigkeiten ab. Von der Anpassungsfähigkeit an die dünne Luft, von der Leidensfähigkeit der Gipfelmänner. Wo liegt die Grenze? Und was ist von der Anwendung von künstlichem Sauerstoff zu erwarten? Nimmt die Vermehrung der roten Blutkörperchen so zu, dass der Mensch große Höhen auf Dauer verträgt? Alle diese Fragen lassen sich nur durch den Versuch beantworten, den Versuch vor Ort, wo jeder Irrtum tödlich sein kann.

Wird man weit oben noch Zeltplätze finden? Wie gut alles auch eingerichtet sein mag: Die Aufgabe wird gewaltige Ansprüche an alle Leute stellen und womöglich die Grenzen menschlicher Kraft und Ausdauer übersteigen.

Es sind aber auch andere Schwierigkeiten zu beachten, vor allem psychische. Man kann sich vorstellen, dass zwei Mann sich mit Ach und Krach zum Gipfel durchschlagen, alle geheiligten Regeln der edlen Bergsteigekunst missachtend. Als ob es am Mount Everest keine Gesetze gäbe.

Aber ohne Sicherheitsspielraum, ohne die gegenseitige Hilfeleistung, ohne Rückkehr ist der Versuch nur ein Wahn. Vielleicht gibt es einen Übermenschen, der stundenlang gegen die Teufelei des Sturms, der Hoffnungslosigkeit, des Wahnsinns ankämpfen kann, aber niemals wird man eine Truppe finden, deren Ausdauer auf eine solche Probe gestellt werden darf, es sei denn, ich gehe an ihrer Spitze.

Es galt zu warten, ein Jahr lang zu warten. Möglich, dass wir dann eine Chance haben würden. Jeder die seine, und ich etwas mehr. Von mir hing alles ab, ich war dafür bestimmt, den Gipfel zu erreichen. Aber auch ich hatte dort oben viel gegen mich. Der Zusammenbruch des Nachschubs kann alles in Frage stellen, weicher Schnee, eine Lawine. Ein Sturm am Grat zwingt den Stärksten nieder. Eine Kleinigkeit, ein um Haaresbreite zu enger Stiefel kann einen Fuß in Gefahr bringen und die ganze Gesellschaft zum Rückzug treiben. Wir trugen genagelte Schuhe und keine geheizten Anzüge.

Daher musste ich vor allem Glück haben, großes Bergsteigerglück: einen geschenkten Augenblick in dieser grausamen Welt, um zu siegen oder zu sterben. Der höchste der Berge ist steil und streng, so streng, so furchtbar und so mörderisch, dass kluge Menschen gut daran tun, auf der Schwelle des Ziels zu zaudern und zu zittern. Noch Klügere werden den Aufstieg erst gar nicht versuchen!

Mallory weiß genau, was den Everest-Anwärter erwartet. Schon die Erkundung hat laut Irving tragisch begonnen: *Ihr Leiter, Colonel Howard-Bury, war selbst kein Bergsteiger, und die Bergsteigergruppe erlitt schwere Verluste, noch ehe man den Fuß des Berges erreicht hatte. Der Schotte Dr. Kellas, der, nur von einheimischen Trägern begleitet, mehr Sechstausender als irgendein anderer bestiegen hatte, holte sich auf dem Marsch durch Tibet eine Darmentzündung und starb an Herzschwäche. Raeburn, einer der bekanntesten schottischen Führerlosen, erwies sich als nicht mehr jung genug für die Strapazen, die Herz, Lunge und Verdauungsorgane in Tibet auszuhalten haben. Bullock tat gut daran, Mallory als den Leiter der Seilschaft anzusehen und ihm die Führung zu überlassen; und Mallory war ein Mann, der, wie Norton sich ausdrückt, »mit einem Satz an der Spitze war«, sobald die Sache schwierig wurde.*

Aber wenn die Ersteigung des Everest wirklich, wie man uns glauben machen will, eine bedeutende Etappe im siegreichen Kampf des Geistes gegen die tote Materie darstellen sollte, dann lassen wir kein erdenkliches Mittel, das uns Erfolg verschaffen kann, unversucht. Greifen wir zu Dynamit, um die Plattformen auszusprengen, auf denen die Zelte in den obersten Lagern stehen sollen; schicken wir viele Bergsteiger hinauf, damit ihrer immer genug zu Stelle sind, wenn es gilt, einem Erschöpften Beistand zu leisten; nehmen wir Mauerhaken, bringen wir fixe Seile an und errichten wir an mehreren Stellen Sauerstofflager. Durch Anwendung solcher technischer Mittel wird die abergläubische Furcht der Einheimischen viel eher gebannt werden als durch alle Opfer an Leib und Leben.

VIII

Blick vom Kloster Rongbuk zum Mount Everest

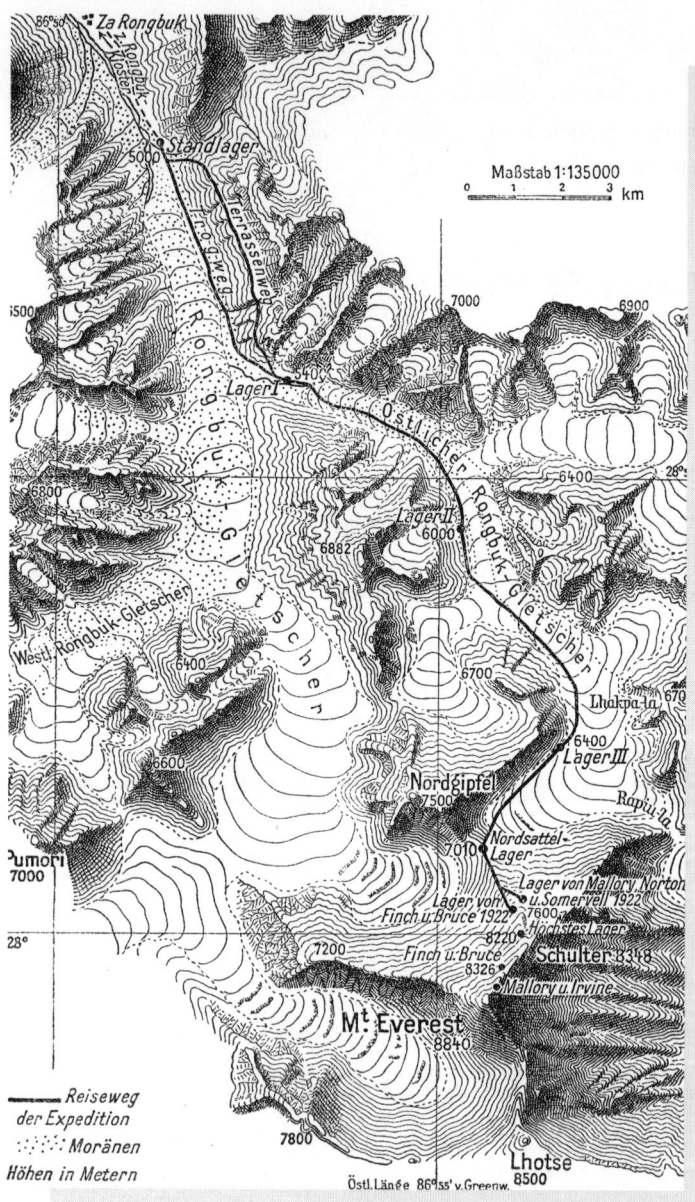

Die Aufstiegsroute der Everest-Expedition von 1922

> » Was kann ich dafür, dass ich
> Freude empfinde an dem unbe-
> schatteten Glanz, an dem nicht

Angriff von Norden 1922

> verringerten Ruhm, an der
> unbezwungenen Ober-
> hoheit des Everest? «

George Leigh Mallory

Oberstleutnant Edward Felix Norton

> » Der Rekord von
> 7500 Metern, den die
> Expedition des Herzogs
> der Abruzzen 1909 an der
> Chogolisa im Baltoro-Gebiet auf-
> gestellt hatte, war um fast 700
> Meter überboten; zum ersten Mal
> hatten Bergsteiger die magische
> 8000-Meter-Linie überschritten,
> noch dazu ohne Verwendung von
> Sauerstoffgeräten! «

Günter Oskar Dyhrenfurth

> » Und vielleicht ist all
> mein Leben ganz kurz,
> die Jahre fressen mich
> auf, hastig saugt mich
> die Erde wieder in sich. «

Arnolt Bronnen

Die Gipfelpyramide des Mount Everest, von Norden gesehen

Als die Teilnehmer der Kundfahrt 1921 zu Hause sind, beginnen sie mit der Vorbereitung zur zweiten Everest-Expedition. General Charles G. Bruce, der beste Himalaja-Kenner, soll ihr Leiter werden. Er beherrscht nicht nur die Landessprachen, Gurkhas, Sherpas, Bhotias und Tibeter verehren ihn.

Auch George L. Mallory ist wieder dabei. Ihm geht es beim Mount Everest um eine Aufgabe, seine Aufgabe, die Zugänglichkeit eines anscheinend unzugänglichen Ziels, um den Gipfel der Welt.

Wie rasch wir uns alle an die Besteigbarkeit der höchsten Gipfel gewöhnt haben. Diese Einbildungskraft stumpft aber rasch ab, und wir Bergsteiger ertappen uns heute dabei, dass uns der höchste Berg der Erde nicht viel mehr Hochachtung abverlangt als das künstliche Hindernis dem Golfspieler. Habe ich all das nicht gewusst, vorausgesagt? Heute gibt es zwei Trampelpfade zum Gipfel des Mount Everest: einen von Süden, einen von Norden. Hundertschaften folgen den Steigspuren. Wo aber ein Weg gebahnt ist, setzt sich das Banale fest und das Geheimnisvolle geht. Bald schon wird niemand mehr ein Interesse an meinem Berg haben, und er wird wieder mir gehören, mir ganz allein, wie damals, 1922, als ich, gepackt vom Eroberungsbewusstsein, emporgerissen von meiner Aufgabe, getragen von meinem Ehrgeiz, im Unbekannten aufging.

Hätten alpine Vereine, diese Körperschaften der Bergerschließung, nicht die Aufgabe, ihre Mitglieder vor Wissensüberfluss zu schützen? Je weniger wir über Berge erfahren, desto besser. Unser Erbe an Entdeckungen ist reich genug; was fehlt, ist das Geheimnisvolle. All diese Ersteigungsberichte! Unsittlich dabei ist nicht die Übertreibung Einzelner, der Schaden für die Berge beginnt mit der Führerliteratur.

Sie haben Recht, auch ich habe den Versuch unternommen, den Kampf um den höchsten aller Berge zu beschreiben. Dabei sollte der Everest unberührt bleiben oder wenigstens mit seiner Vergewaltigung nicht geprahlt werden.

Meine Rechtfertigung liegt allein darin, dass nur ein unbesiegter Mount Everest einen Wert hat, der eroberte wird einen Preis haben. Trotzdem werde ich nichts unversucht lassen, den Gipfel zu erreichen. Wenn ich aber an die Vorbereitungen denke, zieht ein anderes Bild an meinem

Geist vorüber: die Haufen von Kisten und Packen, die den Hof des Rasthauses zu Phari Dsong überfluten; lange Reihen von Tieren und Trägern, die das Gepäck nach Tibet befördern; 13 Europäer, mollig in Wollwesten und Jägerhosen gehüllt, mit winddichter Rüstung, prachtvollen Mänteln, finnischen Pelzstiefeln und daunenweichen Lederschuhen, die ihre Füße schützen; 60 starke Träger, hocherfreut über europäisches Unterzeug; unendlich viele Blechbüchsen mit Wurst, Schinken, Nudeln, so genannten frischen Heringen, Sardinen, Speckscheiben, Bohnen, Erbsen; dann farbenfrohe Schachteln mit Zwieback und Pfefferkuchen und tausend anderen Magenfreuden; die Brennstoffe, rote oder blaue Blechbehälter mit Erdöl und Benzin, dazu ein riesiger Yakmisthaufen; die Zelte mit ihren gelben oder scharlachroten Vorhängen; Bündel weichwarmer Schlafsäcke; Steigeisen und andere stahlspitzige Griffmittel für die Stiefel; ordentlich aufgerollte Seile; das Heer der Stahlflaschen mit Sauerstoff unter Druck und schließlich die kriegsmäßigen Masken für das Leben spendende Gas. Auch muss ich an jene eulenbrillige Schar denken, die schweren und entschlossenen Schrittes gletscheraufwärts stapft, mit nie erlahmender Hartnäckigkeit schwere Lasten bergauf befördernd.

Wenn ich das alles, und vor allem das Scheitern im September 1921, an mir vorüberziehen lasse, diesen ungeheuren Aufwand, wie kann ich da anders als mich freuen über den ehemaligen Glanz, die reine Herrlichkeit, die Größe des Mount Everest vor seiner Erkundung. Auch mein besiegter Stolz war damals ungetrübt, weil gerechtfertigt.

Nein, unser Everest war keine Riesenkuh unter den Bergen der Welt, auch wenn der ausgekundschaftete Weg zum Gipfel nirgends steile Stellen zeigte. Wir unterschätzten die Schwierigkeiten trotzdem. Ob die kniffligen Stellen zu überwinden waren, wussten die Götter, wir nicht.

Unser Mount Everest blieb uns ein großer, schöner, wundervoll gebauter, ein erhabener Berg; ein Berg mit schimmernden Flanken, die uns mit Ehrfurcht, Andacht und Staunen erfüllen.

Mallory ist damals, 1921, aus den dunklen Kellern der Schützengräben zum Mount Everest aufgebrochen. Als Held aber empfindet er sich nicht. Er ist in vieler Hinsicht ein außergewöhnlicher Mensch: geistig, charakterlich, körperlich. Und er gilt als das Vorbild des Bergsteigers. Er sieht gut aus, vereint Witz mit Kultur und ist tolerant. Mitte dreißig ist er, und ein für sein Alter knabenhaftes Gesicht deutet auf seine unverwüstliche Gesundheit hin. Seine Ironie, die drahtige Gestalt, sein schwebender Gang sind 1922 schon Legende.

Viel mehr aber ist es sein Geist, der ihn zum Anstifter, zum großen Bergsteiger macht. Die Begeisterungsfähigkeit des Naiven hebt ihn über die anderen und deren Schwächen hinaus. Er schöpft aus einer Quelle, die nicht nur seine Willenskraft nährt, sondern auch seine stille Passion, sodass niemand je sagen kann, ob er müde ist oder nicht. Er bleibt jederzeit tatbereit, und wenn irgendeine Aufgabe da ist, löst er sie. Er ist immer der führende Geist des jeweiligen Unternehmens. Der Sieg über den Everest ist ihm Lebensziel, Sinn und Maß geworden. Je mehr Monate, Energie, Arbeit er dem Ziel widmet, umso wichtiger wird es ihm. Der Everest ist ihm ein heiliger Wahn.

Im Messzelt und bei anderen Gelegenheiten im Lager ist er ein sanfter Genosse, lustig, gesprächig, hilfsbereit. Auch wenn hie und da ein Blitz seiner Ungeduld aufleuchtet, mit der er die Schritte bergwärts zu beflügeln pflegt, ein Getriebener ist er nicht. In der Wechselrede ist er oft unwirsch, denn Mallory ist ein Herr, von Natur aus ein Mann mit klaren Ansichten, ein Mann der Tat. Nicht umsonst nennt man ihn scherzhaft den »Hochstirnigen«. Longstaff soll in gutmütiger Neckerei 1922 zu ihm gesagt haben: *Wissen Sie, Mallory, was die russischen Bolschewiken Gutes getan haben? Sie haben die Intelligenzija ausgelöscht.*

Die Höhenanpassung nach längerem Aufenthalt in großer Höhe ist für ihn ein Wunder. Die Vermehrung des Hämoglobins im Blut genügt zwar nicht ganz, um hoch oben die Nachteile des verminderten Luftdrucks auszugleichen, aber Mallory weiß das und beugt der Höhenkrankheit vor. Er weiß, dass die Schnelligkeit nach oben hin abnimmt, das Vordringen schneckengleich wird.

Das Schlimmste in großer Höhe ist allerdings der Mangel an Denkfähigkeit. Ein dumpfes Hirn erkennt ja die eigene Dumpf-

Die Expeditionsmitglieder von 1922 im Standlager: vorne von links nach rechts Mallory, Finch, Longstaff, General Bruce, Strutt, Crawford, hinten Morshead, Geoffrey Bruce, Noel, Wakefield, Somervell, Morris, Norton

heit nicht. Nein, es ist nicht ausgeschlossen, dass Everest-Besteiger komische Dinge tun. Ganz oben schwinden zuletzt alle Wünsche; Willensschwäche, Nichtstun und Apathie beherrschen den Menschen.

Ich bin dazu noch ein Hypochonder und bereit, diese meine Schwäche zu bekennen! Ich gehöre zu denen, die fortwährend über ihre körperliche Verfassung nachdenken, besonders bei einem Unternehmen, das hohe Ansprüche an mich stellt. Ich grüble im Bewusstsein, dass solches Grübeln nichts bringt.

Dazu kommt mein Ehrgeiz. 1922, beim Anmarsch, als mir Geoffrey Bruce von Nortons fabelhafter Anstiegsgeschwindigkeit erzählte, ging ich, so schnell ich konnte, nach Gnatong hinauf, das 3600 Meter hoch liegt, und war zufrieden mit mir; am nächsten Tag aber litt ich unter Magenbeschwerden und Kopfschmerzen. Trotzdem, immer wieder musste ich herausfinden, wie ich die Höhe vertrug. Immer häufiger machten wir auch harmlose Wettmärsche, die mir dazu dienten, die Gehgeschwindigkeit der anderen abzuschätzen. Während wir Seite an Seite emporstrebten, verriet unser Schnaufen und Prusten, wer wie gut in Form war.

*Je höher ein Gipfel ist, umso mehr treten die Bergsteiger-
freuden in den Hintergrund, und deshalb beschloss ich,
mich anfangs im Standlager ruhig zu verhalten. Schwere
Arbeit führt am ehesten zu Anfällen von Bergkrankheit.*

10.5. 1922

Am 10. Mai brechen Mallory und Howard Somervell zum
Lager I auf, wo sie nach zweieinhalb Stunden ankommen. Ein Koch bringt ihnen Tee mit Kuchen und erkun-
digt sich nach ihren Wünschen für die Hauptmahlzeit. So
viel Komfort – Mallory fragt sich, wo er ist.

11.5. 1922

Erst nach 10 Uhr machen sich die beiden am nächsten
Morgen auf zum Lager II. In diesem Lager sind sie auf
drei Seiten von Eistürmen umgeben, es ist sehr kalt.

12.5. 1922

Am 12. Mai folgen sie dem linken Gletscherrand in Richtung Lager III. Moränen und Geröll säumen den Weg.
Der Zeltplatz liegt auf Steinen, die von den Hängen des
Nordgipfels stammen. In den Mulden liegt Schnee. Nur
eine seichte Wanne trennt das Lager vom Gletscher.
Trotz aller Nachteile ist es der beste Platz unterm Nordsattel.
Jeder Sahib hat seinen Sherpa, einen ihm zugeteilten
Diener. Diese sollen helfen, das Lager aufzubauen, kochen, tragen. Zuerst werden die Zelte aufgestellt, und es
wird eine Küche aus Steinen errichtet, in der man wind-
geschützt essen kann. *Um unserem Koch Vertrauen ein-
zuflößen, erzeugten wir eine gewaltige Petroleumlohe,
die durch Öffnen der Sicherheitsschraube sofort wieder
gelöscht wurde. Wir zeigten ihm, wie man den Brenner
mit reinem Spiritus anwärmt und Erdöl mit Benzin als
Brennstoff mischt. Glücklicherweise erhob sich sein Verstand über die Gemütsbewegungen, die mit dem Geheul
oder Nichtheulenwollen des Kochers verbunden zu sein
pflegen, sodass wir es bald nicht mehr nötig hatten, die
Hände mit Petroleum und Ruß zu beschmieren.*
Am Abend besprechen Somervell und Mallory ihre
Pläne. Keiner fühlt sich besonders wohl. Da es nicht rat-
sam ist, gleich höher zu steigen, wollen sie einen Tag
im Lager bleiben und dann damit beginnen, einen Weg
zum Nordsattel zu finden, den Mallory zu kennen
glaubt.

13.5.
1922

Am 13. Mai brechen sie mit Mallorys Sherpa Dasno auf. Sie haben ein Zelt, Seile und 45 Zentimeter lange Holzpflöcke dabei, als eine Art Firnanker. Mit der Sonne im Rücken steigen sie höher, finden aber blaues, blankes Eis, eine Reihe unüberschreitbarer Schründe und steile Eiswände vor. Weil klar ist, dass kein Durchkommen ist, bauen sie einen Umweg mit Stufen und Geländerseilen. Der oberste Hang ist ziemlich steil, aber gangbar, nur der Schnee ist schlecht. Sie brauchen mehr Kraft als Kletterkunst und ermatten mehr und mehr. Die Eiskletterei und vor allem das Schneetreten sind anstrengend. Unter dem Nordsattel stoßen Mallory und Somervell auf eine Spalte, an der kein Durchkommen ist. Zum Überspringen ist sie zu breit. Sie versuchen es abwärts querend und finden eine Schneebrücke, die zum gegenüberliegenden Spaltenrand führt. Aber Vorsicht! War die Passage in ihrem geschwächten Zustand nicht zu gefährlich? Keiner hätte eine Chance gehabt, den anderen aus dem Schlund zu ziehen.

Ein Einzelner ist am Mount Everest immer im Vorteil. Kommt er nicht zum Ziel und muss mitten auf dem Weg zum Gipfel verenden, ist ihm mindestens der Gewinn der Unsterblichkeit sicher; schafft er es, hat er den Sieg alleine errungen. Im Rahmen einer Expedition aber herrschen andere Gesetzmäßigkeiten.

Die Mannschaft ist das Dilemma. Zwei sind zu wenig, da einer keine Hilfe zu leisten vermag, wenn dem anderen etwas zustößt. Folglich müssen drei Mann in einer Seilschaft klettern. Da ein Erschöpfter jedoch ohne Zeltschutz nicht allein gelassen werden darf und der Dritte nicht allein weitersteigen kann, müssen alle drei umkehren, sobald einer nicht mehr weiterkommt. Also ist die Viererseilschaft der Schlüssel, da zwei weitergehen können, wenn einer bei einem Kranken zurückbleibt. Aber einer von vieren wird eher krank, und die zwei übrig Gebliebenen sind auch wieder nur eine Seilschaft.

16.5.
1922

Am 16. Mai kommen viele Traglasten ins Lager III. Auch Strutt, Morshead und Norton. Zehn Träger stehen für den Lastentransport zum Nordsattel zur Verfügung. Mallory ist voller Erwartung.

Die Vorbereitungen des Vorstoßes bedurften reiflicher Überlegung. Jedenfalls kam mir die Sache nicht einfach vor. Man muss sehr genau rechnen. Zunächst schreibt man alles auf ein Blatt, was im Lager IV gebraucht wird. Dazu das Gewicht jedes einzelnen Stückes. Nicht alles aber konnte am ersten Tag zum Nordsattel befördert werden. Beispielsweise mussten wir die Schlafsäcke so lange in Lager III behalten, bis wir selbst hinaufgingen. Somit mussten gewisse Dinge für den zweiten Schub beiseite gelegt werden und zwar so, dass sie nicht mehr als die Hälfte des Gesamtgewichts ausmachten. Bei aller Sorgfalt in der Aufstellung der Liste könnte sich im allerletzten Augenblick doch noch irgendetwas Vergessenes einstellen. Dann kommt noch ein Träger mit einem Gegenstand gerannt, den er für das Heil seines Leibes oder seiner Seele für unentbehrlich hält. Beim ersten Mal nahmen wir mehr als die Hälfte dessen mit, was nach den Listen erforderlich schien. Aber wegen der Unteilbarkeit mancher Geräte ist es unmöglich, gleiche Bürden abzumessen. Ein Zelt lässt sich nicht wie ein Zahlenbruch behandeln. Unsere Lasten aber sollten nur zehn bis 15 Kilogramm wiegen. Wir wogen sie sorgfältig mit einer Federwaage, und soweit ich mich erinnern kann, ergab sich in höchstens zwei Fällen ein Mehr bis zu einem Kilogramm.

17.5. 1922

Am 17. Mai brechen 15 Mann zum Lager IV auf: Mallory, Strutt, Morshead, Norton, Somervell und zehn Träger. Die Schneeverhältnisse sind gut, die Spur sichtbar. Der Geist ist nur beschränkt aufnahmefähig, alle Wahrnehmungen sind gebremst. Da sind die stumpfsinnige Plackerei, die blendenden Sonnenstrahlen und die Eintönigkeit des windstillen Hanges. Mallory trägt zwei Filzhüte, Strutt und Somervell Tropenhelme, Morshead und Norton ihre gewöhnliche Kopfbedeckung, und die Träger steigen wie immer barhäuptig. Langsam und schweigsam steigen alle bergan. Den Schlusshang hinaufstapfend, bricht Strutt plötzlich keuchend in Gelächter aus: *Ich wollte, das verfluchte Kino wäre da. Wenn ich so aussehe, wie ich mich fühle, muss ich unbedingt für das britische Volk verewigt werden!* Alle glotzen ihn an, sehen in sein aschgelbes Antlitz, und Mallory antwortet: *Und wie sehen wir aus? Wozu treiben wir diesen Blödsinn?*

**18.5.
1922**

Am 18. Mai, einem Rasttag, wird allen bewusst, dass das Leben in der Höhe schwieriger ist als der Aufstieg dorthin.

Es nützt nichts, sich über ungemütliche Zustände hinwegzutäuschen. Ich glaube aber, dass – abgesehen vom Essen – die meisten Leute sich schnell an die Unbequemlichkeiten des Lagerlebens in großer Meereshöhe gewöhnen. Wer sich einmal von Haus, Bad, Federkernmatratze, Armsessel, Schublade und Büchergestell losgerissen hat, vermisst wenig. Nur die Mahlzeiten kommen einem im Laufe der Zeit immer schmieriger vor, so gut sie auch zubereitet sein mögen. Die Nahrungsaufnahme wird raubtierähnlich. Dieser Umstand hat weniger zu tun mit der Rückentwicklung des Bergsteigers ins Steinzeitalter, er hängt auch nicht mit der Verlotterung der Tafelsitten des zivilisierten Menschen zusammen, er ist allein die Folge von Appetitlosigkeit und Mangel an Tisch, Teller und Waschgelegenheit.

Wann immer einer hungrig ist, isst er, was am schnellsten und einfachsten zubereitet werden kann. Die Grundlage bilden dabei die am reichlichsten vorhandenen Nahrungsmittel und Tee, bis sie den unangenehmen Geschmack von Schneewasser nicht mehr ertragen können.
Die Primuskocher blieben im Lager III, da sie schwer sind und in großer Höhe nicht gut brennen. Bis 6400 Meter haben sie sich vortrefflich bewährt, und mehr durfte man nicht von ihnen verlangen. In den Aluminiumkochern ließ sich entweder reiner Spiritus verwenden oder Meta, ein fester Spiritus französischer Herkunft in walzenförmigen Stücken. Man braucht diese trockenen, weißen Kerzen nur mit einem Zündholz anzustecken, worauf sie sogar in 7000 Meter Höhe ruhig und rauchlos 40 Minuten lang brennen. Meta war jedoch nicht reichlich vorhanden, sodass reiner Weingeist unseren Hauptbrennstoff abgab.

Warum hat General Bruce keine Yakherde beim Standlager gehalten, um uns mit frischer Milch zu versorgen? Nur weil kein Gras dort wuchs oder niemand sein Zelt mit einem Yak teilen wollte? Also blieben wir bei Trockenmilchkakao, Erbsensuppe und tranken weiterhin große Mengen Tee. Zum Essen gab es alles nur Erdenkliche aus Blechbüchsen: Würste, Sardinen, Heringe, Speck, Ochsenzungen, grünes Gemüse, Erbsen, Bohnen, getrüffelte Wachteln, Süßigkeiten, kandierten Ingwer, Feigen und Pflaumen. Eingemachtes und Schokolade gingen nie aus. Nur, wem schmeckte das alles? Mir nicht. Morshead als geübter Koch hatte zuerst den Grundsatz, dass der Fettnapf die Grundlage jeder guten Küche sei, später wurde die Erbsensuppe zur Grundlage all seiner Gerichte. Und auch wenn er das nie in Worten ausgedrückt hat, so bewies er es doch durch die Tat.

Aufwaschen war Ehrensache und ließ sich mit Schnee bewerkstelligen. Da lagen wir nun zu viert im Lager V, allesamt wohlauf und zufrieden, wie man es in einer alpinen Schutzhütte nach einem steifen Abendgrog nicht besser hätte haben können.

Ich war bereit. Ich weiß noch, wie mein Geist die verschiedenen Vorbereitungen überflog und sich wie Gott nach der Schöpfung sagte, dass alles gut sei. Der Gedanke an das, was in den nächsten zwei Tagen kommen sollte, schwang sich träumerisch nach oben, und meine Wünsche flogen immer wieder zum höchsten Punkt: hoffnungsfrohe Vorstellungen. Mein Ziel war außerordentlich klar: der höchste Punkt der Erde!

19.5.
1922

Die neun Träger besaßen unser volles Vertrauen. Sie waren willig, sogar ehrgeizig, und wir gedachten, es ihnen so leicht wie möglich zu machen. Nur vier Lasten, außer den warmen Sachen, die jeder selbst tragen musste, sollten sie zum nächsten Lagerplatz schaffen: zwei Zelte zu je sechs Kilogramm, zwei Doppelschlafsäcke, Mundvorrat für anderthalb Tage und das notwendigste Geschirr. Keine Last sollte acht Kilogramm überschreiten, sodass eine auf je zwei Mann kam, wobei sogar noch ein neunter Mann überzählig blieb.

20.5.
1922

Mallory weckt am Morgen seine Leute. Er will losgehen, ist ungeduldig. *Es ist keine beneidenswerte Pflicht, in 7000 Meter Höhe und zwischen 5 und 6 Uhr früh Leute aus der Wärme des Schlafsacks zu jagen. Was ich zu hören bekam, waren wirre Klagen. Die meisten Träger fühlten sich nicht wohl. Verständlich: Die Leute litten an Luftmangel. Frische Luft und Tee aber erwiesen sich als Heilmittel, und alles im Lager wurde lebendig. Norton rührte sich, und während ich ans Ankleiden ging, richtete er das Frühstück. Es gab Tee und dazu zwei Büchsen Nudeln als Unterlage für die Tagesarbeit. Nur, die Büchsen hatten im Schnee gelegen anstatt in der Wärme der Schlafsäcke. Der Inhalt war also steif gefroren und widerstand sogar dem Eispickel. Also brauchten wir mehr heißes Wasser für Spaghetti und Tee. Norton, der sich dieser weiblichen Arbeit mit Opfermut hingab, saß lange in der Morgenfrische und wurde stärker abgekühlt, als einem Bergsteiger vor dem Aufbruch gut tut.*

Von den neun Trägern sind fünf bergkrank, nur vier bereit mitzukommen. Ehe die Männer also den ersten Schritt auf den Nordgrat tun, steht alles auf der Kippe. Trotzdem kein Weltschmerz. Um 7 Uhr 30 brechen sie auf. Morshead geht an der Spitze, dann Mallory mit zwei Trägern. Norton und Somervell betreuen den Rest an einem Seil. Sie stehen am Fuße des Nordgrats und blicken hinauf. Vorwärts!

Die weite Nordflanke des Mount Everest über dem Rongbuk-Gletscher ist leicht eingesenkt. Die Nordostfläche links ist stärker vertieft. Das Gelände stürzt unter dem Grat zu dieser Seite stark ab. Der Kletterer geht entweder den First entlang hoch oder rechts daneben. Die ideale Aufstiegslinie ist die Naht zwischen Firn und Fels, wo ein Geröllstreifen in bequemer Neigung etwa 450 Meter hoch hinaufführt. Das Geröll erweist sich zum Glück als fest, da die Fugen durch gefrorenen Schnee verkittet sind. Nichts verabscheut der Bergsteiger mehr als lose Steine, die unter den Schritten nachgeben. Sie ermüden fast genauso wie knietiefer Schnee.

Nein, ich will nicht behaupten, dass uns der Aufstieg Lust erregend vorkam, wir freuten uns aber über das Abenteuer, solange unser Fortkommen nicht stockte. Es war ein windstiller, reiner Morgen, die Luft sehr kalt, und in der aufspringenden Brise, die von rechts her über den Kamm blies, argwöhnten wir den bösen Feind, den unheilvollen Wind von Tibet. Wie lange währte die Gnadenfrist?

Sie sind etwa 350 Meter höher gekommen, als sie anhalten, um wärmere Kleider anzuziehen: mehr Unterwäsche, eine leichte Strickjacke und ein dünnes Seidenhemd. Über allem trägt Mallory einen Rock aus dichtem Wollstoff. Da dieser wie die dazu passenden Hosen so gut wie winddicht ist, sieht er allen Luftbewegungen mit Gemütsruhe entgegen. Nur Morshead begnügt sich damit, ein wollenes Tuch um den Hals zu legen. Als die beiden fertig sind, warten sie ungeduldig auf die anderen. Norton sitzt weiter unten, den Rucksack auf dem Schoß. Dann geschieht das Missgeschick: *Beim Auslegen des Seiles, das ich für den Weitermarsch zurechtlegte, erhielt Nortons Rucksack einen Stoß. Norton griff zwar nach ihm, aber schon machte der runde, weiche Gegenstand einige kurze Sprünge, die sich bald zu weiten Sätzen beschleunigten, und entschwand den Blicken. Wir waren sprachlos. Da aber alle fürsorglich mehr mitgeschleppt hatten, als sie brauchten, gab es für Norton genug Sachen für die Nacht.*

Wie ich meinen Rucksack packe? Mehr wie ein Spieler, nicht wie ein Minimalist. Ich bin kein Tüftler. Weil ich nie irgendetwas Begehrenswertes daheim lasse, packe ich zuerst alles ein, was mir in die Hände fällt. Dann greife ich wie nach Losen hinein und ziehe beliebige Gegenstände heraus, bis der Rucksack das richtige Gewicht hat. Nach diesem Verfahren erweist sich mein Vorrat an Ersatzkleidung immer als ausreichend. Genial, nicht wahr?

Bald verschwindet die Sonne hinter einem Schleier ziehender Wolken. Über die scharfen Lichtabstufungen von Schnee und Fels legen sich graue Töne, denen des Himmels entsprechend. Fingerspitzen, Zehen und Ohren leiden unter der großen Kälte. Die vier Männer müssen öfter auf der Leeseite Schutz suchen.

Mallory geht jetzt voran. Er verlässt die Felsen und steigt links über harten Firn aufwärts. Die Steigung nimmt bald zu, sodass Stufen nötig werden. Mit den schweren Stiefeln bringt er nur schwache Kerben zustande. Selbstverständlich gehören Steigeisen zur Ausrüstung der Everest-Expedition, und sie haben überlegt, sie über das Lager IV hinaus mitzunehmen. Sie haben sich jedoch dagegen entschieden, weil die strammen Gurte derselben das Blut abschnüren und die Zehen zum Erfrieren hätten bringen können. Also Stufen schlagen. Mit einem einzigen Hieb eine Stufe zu kerben heißt die Kunst! Es gelingt Mallory nur mit den ersten Schlägen. Atemlos muss er dann stehen bleiben. Er keucht.

Mit drei Schlägen für eine Stufe ist es ihm dann möglich, eine Stufenleiter zu schaffen, die zum Himmel führt.

In großer Meereshöhe braucht alles viel Zeit, und Eile erzeugt Erschöpfung. Außer du gehst einen vorbereiteten Weg und willst die Höhenkrankheit überlisten. Aber der Mount Everest mit Spur, Fixseilketten und festen Lagern ist nicht mein Berg. So etwas interessiert mich nicht. Was sollen all die Wettläufe an den Graten des Mount Everest? Nichts als Zahlenalpinismus! Ich weiß, beim Läufer wie beim Bergsteiger kommt es auf zwei Voraussetzungen an: Ausdauer und Schnelligkeit. Beides muss stimmen. Der Bergsteiger muss gleichmäßig vorankommen und darf nicht unter der Mindestgeschwindigkeit bleiben, die es ihm ermöglicht, innerhalb einer bestimmten Zeit auf die Spitze und wieder zurück zu gelangen, ja, für den Bergsteiger in großer Höhe zählt mehr noch als für den Läufer die notwendige Geschwindigkeit. Und doch sind alle Rekorde da oben Schwindel. Nicht weil die Eile dich umbringt, weil am Mount Everest alles von der Schnelligkeit abhängt und die Strecke vorher von anderen für den Rekordaufstieg präpariert werden muss, damit der Rekord möglich wird. Was wollen aber die Rekordhalter? Warum muss der eine das Ziel vor dem anderen erreichen? Gut, sie wollen nicht zusammen oben stehen und sich trotzdem messen – doppelter Schwindel also!

Wenn wir uns weiter von der zerstörenden Kraft der Rekorde berauschen lassen, wird der Everest immer kleiner, zerstückelt. Wo ist der Geist, der Zerstückeltes wiederherstellt? Ich wäre lieber vergessen als Rekordhalter. Die neuen Helden aber sind ebenso parasitär wie schnell, immer auf Kosten anderer. Ihr Rasen entspringt der Verzweiflung über das Sinnlose ihrer Welt.

Inzwischen ist es 11 Uhr 30. Das Taschenbarometer zeigt 7600 Meter im Vergleich zu den 7000 Metern am Nordsattel. Morshead und einige Träger sind zurückgeblieben. Nirgends ein geeigneter Lagerplatz!

Mallory hat wie selbstredend die Führung übernommen. *Zwischen uns gab es Beratung, nie Streitfragen. Was immer wir beschlossen, wurde einmütig ausgeführt, einerseits, weil uns keine andere Wahl blieb, andererseits steuerten wir ein gemeinsames Ziel an. Wir hatten keinen Anführer, niemanden, der als Hauptmann Befehlsgewalt besaß. Alle wussten genau, was zu tun war, und wenn ir-*

gendetwas getan werden musste, dann war einer da, der es tat. Die Aufgabe, die Marschordnung zu bestimmen, war mir zugefallen, vielleicht nur weil ich den Anfang machte oder so viel von der ersten Reise erzählte. Ich rief nur: »A, willst du vorangehen? B, willst du als Zweiter gehen?«, und schon seilte man sich in dieser Reihenfolge an. Ich drängte meine Ansichten niemals Männern auf, die irgendwelche Schritte ebenso gut zu beurteilen vermochten wie ich. Die Verhandlungsform war vollkommen demokratisch. Immer blieb der Gedanke an die Träger unsere Hauptsorge. Sie mussten unter allen Umständen ins Lager IV absteigen. Wir durften ihr Leben keiner Gefahr aussetzen.

Gegen 2 Uhr findet Somervell einen Platz für ein Zelt und macht sich mit ein paar Trägern sofort an die Arbeit: Einebnen des Platzes, Bau einer Stützmauer. Es fehlt noch ein Platz für das zweite Zelt. Aber nirgends ein bequemer Sims! Die Kunstbauten Somervells machen solchen Eindruck auf Norton und Mallory, dass sie eigene Anlagen entwickeln. Vergeblich. Der Boden ist zu abschüssig. So gehen sie weiter und versuchen es anderswo. Schließlich stellen sie ihr Zelt auf der am wenigsten schlechten Stelle auf: auf dem Aufbau am Fuße einer schiefen Platte. Einer muss also auf der Platte liegen, der andere auf Steinen, es ist keine ungestörte Nachtruhe zu erwarten.

Der Kulturmensch steigt ins Bett, legt den Kopf aufs Kissen, zieht die Decke über und schlummert ein. In großer Meereshöhe ist alles reichlich verwickelt. Da sind die Stiefel: Wer am Morgen mit warmen Füßen und nicht in steif gefrorenen Schuhen aufbrechen möchte, entschließt sich vielleicht, mit seinen Stiefeln ins Bett zu gehen, oder er steckt sie in den Rucksack, den er als Kopfkissen unterlegt. Nein, keine schlechte Gewohnheit. Wo sonst soll man Stiefel warm halten?

Da ich immer rutschte und in dieser Höhe nur bei hochliegendem Kopf gut atme, galt es fortwährend, seine Körperstellung zu verändern. Die mit der unbequemen Lage verbundenen Anstrengungen erzeugten aber Atemnot, die wieder zu tiefen Atemzügen zwang. Diesen verdankten wir den gelegentlichen Schlummer, da gründliches

Atemholen schlaffördernd ist. Jedenfalls scheinen wir Zeiten leichter Bewusstlosigkeit genossen zu haben.

In den schlaflosen Pausen stellten sich, wie zum Zeitvertreib, immer die gleichen Gedanken ein: unser Plan. War es nicht denkbar, in soundso vielen Stunden soundso hoch zu kommen? Sollte der Tag nicht ausreichen? Wozu? Für den Gipfelgang natürlich! Weil ich nur vorwärts schaute, schöpfte ich Hoffnung aus dem bisher Erreichten.

Gegen Abend hat sich der Wind gelegt. Die Wolken aber sind geblieben und die Nacht ist warm. Nein, das soll nicht heißen, dass die Männer schwitzen.

21.5. 1922

Gegen Morgen ist das Prasseln feinen Körnerschnees auf dem Zeltdach zu hören. Nebel hüllt die umliegenden Felsen ein. Um 6 Uhr 30 tut sich eine Wolkenlücke auf. Können sie also mit einem schönen Tag rechnen? *Ich glaube, wir sollten bald aufstehen,* sagt einer. Niemand widerspricht. Die Nacht ist schlimmer gewesen als der vorhergehende Tag. Sie sind müder als beim Zubettgehen, und völlig steif.
An diesem Morgen verselbstständigt sich ein zweiter Rucksack und tanzt den Berg hinunter. Nur ein Wunder hält ihn auf: Der Sack verfängt sich an einem Vorsprung etwa 30 Meter unter den Zelten. Morshead spielt freiwillig Rettungsmann und schleppt den schweren Packen zurück, wohin er gehört. Um 8 Uhr sind die vier Männer marschbereit und seilen sich an. Norton geht als Erster, dann Mallory, Morshead und Somervell. Sie sind alle ungefähr in derselben Verfassung.

Es ging uns schlecht, sehr schlecht. Trotzdem, ein Leichenzug waren wir nicht, noch nicht. Ob ich wirklich weiterwollte? Nein, ob ich konnte, war die Frage! Anscheinend nicht. Ich besaß kaum die Kraft, mein eigenes Gewicht zu heben. Irgendetwas aber musste die Maschine in Gang bringen und in Bewegung halten. Mein Wille! Die anderen gingen ja auch.

Die vier Männer haben die Stiefel nur lose geschnürt, sodass sie gut sitzen, ohne den Blutkreislauf zu behindern. Auch die Wickelgamaschen sind nur so fest, dass

Mallory und Norton 1922 im Aufstieg am Nordgrat

sie gegen das Rutschen gesichert sind. Nur aus Bequemlichkeit gehen sie angeseilt. Auch damit keiner das Seil auf dem Rücken zu schleppen braucht. Dazu das Gefühl, zusammengeschlossen zu sein: Einzelwillen vereinigt im Gesamtwillen.

Ich bleibe lieber da, ich würde euch nur aufhalten!, sagt Morshead und bleibt im Lager zurück.

Mallory will weiter, geht weiter: *Es bedurfte keiner Turnkünste, höher zu kommen; man brauchte sich auch nicht in Rissen emporzustemmen oder mit den Fingerspitzen an Leisten zu hängen. Solche Hindernisse hätten uns zum Stehen gebracht. Heftiges Strampeln konnten wir uns nämlich nicht erlauben, da jede beschleunigte Bewegung uns erschöpfte. Es galt jene Gangart zu finden, die sich ohne raschen Kraftverlust aufrecht erhalten ließ. Mit ausgewogenen Körperverlegungen hieß es das Gleichmaß der Leistung bewahren. Langsam musste ein Bein vor das andere gesetzt werden. Was mit gelegentlicher Handhilfe gelang. Wir stiegen jeweils 20 bis 30 Minuten und legten dann eine Rast von fünf Minuten ein. Alle Kraft schien von der Lunge abzuhängen. Was an Luft vorhanden war, wurde durch den Mund eingeatmet und dann im Einklang mit einer unbewussten Melodie ausgestoßen. Die Lunge gab den Füßen das Schrittmaß an. Also war die Willenskraft weniger auf die Gliedmaßen gerichtet als vielmehr auf die Lunge.*

Ob wir damals wirklich den Gipfel des Mount Everest im Auge hatten? Selbstverständlich! Immer vorausgesetzt, dass sich keine bergsteigerischen Schwierigkeiten boten. Unser Erfolg hing nur von Zeit und Geschwindigkeit ab.

Unser Fortschritt erwies sich aber bald als unbefriedigend, obwohl wir, ohne die Rastpausen zu rechnen, 120 Höhenmeter in der Stunde bewältigten. Wir wurden langsamer, schneckenartig langsam, bis das Weitergehen keinen Sinn mehr machte. Wir wären in die Nacht geraten, und einen Nachtangriff auf den Mount Everest wollten wir gerne kühneren Leuten überlassen, Chinesen zum Beispiel. War der Gipfel also unerreichbar? Vielleicht. Mein Ehrgeiz war jedoch mit einem niedrigeren Ziel nicht zufrieden zu stellen.

Zwischen Hungern und Verhungern also lagen meine Möglichkeiten, und wo käme ich hin, wenn mit 35 alles erreicht wäre.

Irrsinnig war ich nicht, aber die Reichweite meiner Denkfähigkeit war beschränkt, und die Aussicht ließ mich völlig kalt. Natürlich hätte ich gerne die Nordostschulter erreicht, aber nichts trieb mich dorthin, und auch der märchenhafte Gedanke, am Gipfel gestanden zu haben, war mir plötzlich gleichgültig. Also dachte ich daran, umzukehren und wiederzukommen. Über uns war nichts zertreten, also war dort auch niemand gegangen, also lohnte es sich, wiederzukommen und einen ernstlichen Versuch zu unternehmen, den Gipfel zu erreichen oder umzukommen. Im Augenblick des Scheiterns, in der Nähe von 8200 Metern, war die Frage gleichgültig, um wie viel Meter wir die bergsteigerische Höchstleistung von gestern geschlagen hatten. Der Geist lässt sich so hoch oben von nichts mehr anregen. Die Gedanken wurden ja mit zunehmendem Luftmangel immer träger.

Mallory meint, dass sie zu Morshead zurückkehren sollten, um ihn womöglich gleich ins Lager IV zu bringen. Ihre Hirne sind nur noch beherrscht von dem Wunsch, mit Morshead im Lager IV einzuziehen und zu rasten. Sie beschließen, um 2 Uhr 30 umzukehren und bis dahin langsam weiterzugehen. Es findet sich ein Rastplatz,

Der erste Stoßtrupp: Zweiter von links Mallory, ganz rechts Norton

und sie legen sich auf die Steine, um die Viertelstunde
zu verbringen, die noch bis zur vereinbarten Zeit ver-
bleibt. Der Gipfel des Mount Everest, oder was sie dafür
halten, macht keinen überwältigenden Eindruck. Also
nichts wie hinunter, zurück, Abstieg, Flucht aus der
Todeszone.

Es ist unmöglich zu sagen, wie viel wir noch hätten schaffen
können. Im Lichte späterer Erfahrungen, verglichen mit dem,
was Jon Krakauer erzählt, glaube ich sagen zu dürfen, dass die
für Zufälliges verfügbaren Reserven zu klein waren. Vielleicht
hätten wir uns in zwei weiteren Stunden bis zur Nordostschulter hinaufschleppen können. Ob wir dann noch zum Abstieg
fähig gewesen wären, ist eine andere Frage.

Die Mundvorräte bestehen aus Schokolade, Plätzchen,
Rosinen und Pflaumen. Trotzdem kämpfen sie, egal ob
bei der Rast, beim Gabelfrühstück oder beim Abendessen, mit heraushängenden Zungen mit jedem Bissen.
Als einer eine Kognakflasche aus der Tasche zieht, nehmen alle einen Schluck. Der Erfolg ist befriedigend, er
putschte sie auf, um dem Abstieg mit Vertrauen entge-
genzusehen.
Mallory tauscht den Platz am Seil mit Norton und über-
nimmt die Führung. Um 4 Uhr schon treffen sie im Lager
bei Morshead ein, raffen einige Sachen zusammen und
steigen weiter ab.

Was wohl ein außenstehender Beobachter zu unserer damaligen
Leistung gesagt hätte? Zweifelsohne hätten ihn unsere krie-
chenden Aufwärtsbewegungen bedenklich gestimmt. Trotzdem,
noch hatten alle Mann ihre Glieder und ihr Gleichgewicht im
Griff. Dann plötzlich der Unterschied! Als wir vom Lager V auf-
brachen, war all unser Kraftüberschuss plötzlich erschöpft
und wir waren weniger aufmerksam, vielleicht weil wir keine
Schwierigkeiten vorausgesehen hatten. Die Einbildungskraft
hatte keine heraufbeschworen, sodass wir den Gefahren ganz
plötzlich gegenüberstanden.

Sie gehen jetzt wieder, mit Morshead vereint, zu viert
am Seil und haben ein ziemlich steiles Firnfeld zu queren. Der über Nacht gefallene Neuschnee, Erschöpfung

und eine gewisse Unaufmerksamkeit mögen zusammengewirkt haben. Jedenfalls rutscht der Dritte unversehens aus, reißt den Letzten um, der Zweite versucht zu bremsen, kann aber den Sturz der beiden anderen nicht halten und wird ebenfalls mitgerissen. Drei Mann gleiten mit wachsender Geschwindigkeit einen Steilhang hinab, auf das tausend Meter tiefer gelegene Becken des Rongbuk-Gletschers zu.

Nur Mallory steht noch! Er steht, spürt das Unabwendbare auf sich zukommen und handelt rasch. Hat dieser Mallory, an der Spitze der Seilschaft, eine Ahnung des kommenden Unheils? Nein, er ist nur in höchster Alarmbereitschaft. Schon als er hinter sich verdächtige Geräusche hört, stößt er den Pickel tief in den Firn, schlingt das Seil herum, legt sein ganzes Gewicht darauf und stemmt sich gegen den Zug. Mehr lässt sich in den bangen Sekunden bis zum entscheidenden Ruck nicht tun. Plötzlich strafft sich das Seil, gibt ein wenig nach, surrt – und hält. In 99 von hundert solchen Fällen wäre die Verankerung ausgebrochen oder das Seil gerissen, die Katastrophe unvermeidlich gewesen.

22.5. 1922

Am Vormittag des 22. Mai steigen die Männer gemeinsam zum Lager III ab. Die alten Spuren sind verweht, und an steileren Stellen müssen Stufen in die harte Schicht unter dem Neuschnee geschlagen werden. Wie viel Mühsal! Am Fuße der Eiswand aber tut die Vorhut so, als sei es kameradschaftlicher, gemeinsam ins Ziel zu fahren, und rutscht. Mallory wird aus den Stufen gerissen und 25 Meter weit über das Eis gezogen, ehe die Pickelbremse wirkt.

Mallory staunt über den Betrieb am Fuße des Nordsattels. *Im Lager III standen die Sauerstoffflaschen schussbereit und Finch war mit Wakefield und Geoffrey Bruce dabei, die Sauerstoffatmer zu versuchen. Sie befanden sich mit einer Trägerabteilung schon auf dem Weg zum Nordsattel.*

George Ingle Finch, von Beruf Chemiker, ist damals einer der erfahrensten englischen Bergsteiger. Ein Führerloser. Er tritt für die Verwendung von Sauerstoff am Everest ein, und das mit Nachdruck. Als er 1922 den zweiten Angriff durchführt, hat er leider keinen gleich-

Das 1922 verwendete Sauerstoffgerät im Test

wertigen Gefährten bei sich. Alle Top-Bergsteiger der Expedition – außer Finch – sind beim ersten Ansturm dabei
gewesen und »verbraucht«. Finch, anfangs krank gewesen, ist in guter Form, muss jetzt aber auf zwei Männer
zurückgreifen, die vom Bergsteigen wenig Ahnung
haben. Es sind zwei Anfänger: Captain Geoffrey Bruce,
ein Neffe von General Bruce, und Gurkha-Unteroffizier
Tedjbir Bura. Beide werden von Finch erst im Lager III im
Gebrauch von Steigeisen, Pickel und Seil unterwiesen.

Nein, ich will mich hüten, als Moralprediger zu erscheinen. Wie
könnte ich auch! Heute glauben viele, den Everest-Aufstieg bu-
chen zu können wie eine Ferienreise nach Tibet. Aber was taten

wir? Auch wir traten dem Berg völlig naiv gegenüber! Was wussten wir schon? Sicher, wir mussten erst einen Weg finden, und
unsere Ausrüstung mag lächerlich erscheinen im Vergleich zu
dem, was heute an Goretex-Kleidung und Titangeräten auf dem
Markt ist. In unserer Wichtigtuerei gegenüber der Natur aber ge-
bärdeten auch wir uns so dumm wie alle anderen, die nach uns
kamen. Die, die dabei umgekommen sind, waren nicht die
schlechtesten Bergsteiger, sie hatten nur weniger Glück als die
Sieger oder als ich.

**24.5.
1922**

Die Sauerstoffapparate, die auf dem langen Transport
durch Tibet gelitten haben, konnte Finch erst im Lager
III notdürftig reparieren. Am 24. Mai steigt die Finch-
Gruppe mit allen verfügbaren Hochträgern zum Lager IV
auf. Captain J. B. Noel, der Kameramann der Expedition,
schließt sich ihr bis zum Nordsattel an.

**25.5.
1922**

Das in etwa 8100 Meter Höhe geplante Hochlager kann
auch diesmal nicht errichtet werden, weil das Wetter um-
schlägt, aber den Versuch, den Gipfel zu erreichen, gibt
Finch nicht auf. In großer Eile wird bei 7770 Meter ein
Zelt aufgeschlagen. Ohne Windschutz steht es auf einer
kleinen Kanzel der Gratkante. Der Sturm braust, und es
beginnt zu schneien. Im Laufe der Nacht steigert sich der
Wind zum Orkan, der 18 Stunden anhält. Ein Rückzug
zum Nordsattel kommt nicht mehr in Frage.

**27.5.
1922**

Nach einer zweiten Nacht im Lager V setzen Finch und
Bruce am 27. Mai den Angriff fort. Es ist klar, windig und
grimmig kalt.
Tedjbir, der zwei Reserveflaschen mit komprimiertem
Sauerstoff trägt, hat 23 Kilogramm auf dem Rücken. In
einer Höhe von 7925 Metern bricht er zusammen und
geht zum Lager V zurück. Doch Finch und Bruce geben
nicht auf. Sie steigen auf dem Gratrücken aufwärts, werden aber durch den immer stärker werdenden Wind gezwungen, nach rechts in die Flanke auszuweichen, und
erreichen eine Höhe von 8326 Metern, trotz der schlechten Verhältnisse – Neuschnee – und einer Panne am
Sauerstoffgerät von Bruce. Fast 2000 Höhenmeter steigen Finch und Bruce ohne längere Pausen ins Lager III
ab. Sie sind völlig fertig.

Nein, wir gaben unsere Sache nicht verloren, noch nicht! Der Lama im Rongbuk-Kloster hatte den Monsun für den 10. Juni angekündigt, und obwohl wir wussten, dass er sich im vergangenen Jahr verspätet hatte, häuften sich die Anzeichen seines Bevorstehens von Tag zu Tag. Nach 10 Uhr früh war der Mount Everest meist unsichtbar, und die Wolken verzogen sich erst wieder am Abend. Nachmittags fegte gewöhnlich ein Sturm. Kam mit dem Monsun Unheil? Warum haben wir nicht einfach gesagt, der Monsun ist da, unsere Zeit ist zu Ende, wir müssen heimfahren? Ganz einfach, wir hielten einen verfrühten Rückzug für keinen ehrenvollen Abschluss des Unternehmens. Und was tun wir Engländer nicht alles für die Ehre!

5.6. 1922

Mallory wagt einen letzten Versuch. *Am 5. Juni beschlossen wir aufzubrechen. Schwere Wolken zogen tief über den Ost-Rongbuk-Gletscher, aber es hörte auf zu schneien, und im Westen klarte der Himmel auf. Erst kurz vor Lager III machte der Neuschnee Schwierigkeiten. Es schneite noch ein wenig, und die Welt um uns herum sah grau und trostlos aus. Lager III musste sogar freigeschaufelt werden.*

6.6. 1922

Noch zögert man mit dem dritten Versuch. Besteht höher oben Lawinengefahr? Der nächste Morgen aber bricht herrlich an. *Unser Mut wuchs. Als wir beobachteten, wie schnell der Schnee sackte, die Felsen ausaperten und eine Schneewolke den Anstiegsweg rein fegte, konnte der dritte Versuch gewagt werden. Wir wollten dabei Sauerstoff verwenden. Die Berichte der Sauerstoffgänger klangen so ermutigend! Kam man damit nicht besser vorwärts? Da die erhöhte Verbrennung den Hunger fördert, planten wir ausgiebig viele Lebensmittel ein.*

7.6. 1922

Um 8 Uhr früh brechen Somervell, Crawford und Mallory mit 14 Trägern auf. Trotz des scharfen Frostes der vorangegangenen Nacht trägt die Schneekruste ihr Gewicht nicht. Bei jedem Schritt sinken sie bis zu den Knien ein. Dabei sind die drei Bergsteiger unbeladen und müssen abwechselnd die Spur für die Träger treten. So arbeiten sie sich den steilen Hang aufwärts.
Natürlich ging es durch den tiefen Schnee äußerst langsam voran. Aber alle Teilnehmer waren in bester Form,

und die Träger waren entschlossen durchzuhalten. So-
mervell gab uns lange Schritte vor, und der durch kurze
Beine behinderte Crawford hielt tapfer mit. Schlechteren
Schnee hatten wir noch nie angetroffen. Nach jedem Bein-
heben musste ich warten, rasten, um zahlreiche Atem-
züge zu machen. Dann erst konnte ich das Gewicht auf
den anderen Fuß verlagern. Wir standen jetzt 180 Meter
unterhalb von Lager IV. Rundum war es sonnig und wind-
still, man hörte nur das Keuchen der Lungen. Plötzlich
schreckte uns ein unheimliches Geräusch auf, und wir
fühlten alle, was es zu bedeuten hatte: Gefahr.
Unvermittelt reißt ein Schneebrett die aufsteigenden
Seilschaften mit sich in die Tiefe. Sieben Sherpas sterben. Dieser Unglücksfall, der erste in einer Serie von
Tragödien am Mount Everest, bedeutet das Ende des
dritten Versuchs.

Hatte nicht der Oberlama, einer dieser berufsmäßigen Lamas,
mit Monsun gedroht? Oder war es das Orakel in Rongbuk, das
Unglück prophezeit hatte, sogar die garantiert eintretende Katastrophe? Ich erschrak trotzdem und dachte ans Sterben. In so
jungen Jahren!
Dass auf einem Berg mit fast 9000 Meter Höhe kaum zu über-
leben war, ist eine Tatsache, dass dorthin zu kommen gefährli-
cher war als in eine Einsiedelei, wusste ich erst jetzt.
Mich aber konnten auch schlimmere Prophezeiungen nicht
endgültig umstimmen. Sogar meine eigenen Ahnungen änder-
ten nichts an meiner Meinung: Der Mount Everest war besteig-
bar!
Hatte ich nicht Recht? Schließlich kann ich das beobachten, und
bald werden es tausend Leute sein, die bis zum Gipfel gestiegen
sind, manche sogar mehrmals. Oft wünsche ich mir, dass alles
anders gekommen wäre. Der Mount Everest unbestiegen zum
Beispiel, oder ich schon länger tot, endgültig vergessen. Dabei
wäre ich nicht Mallory, der Mythos Mallory, wenn ich 1922 in der
Lawine unterm Nordhang gestorben wäre. Also ist alles okay,
lassen wir den Lamas ihr Orakel und dem Berg seine Lawinen
und Stürme.

Mallory fasst seine Erfahrungen in einem Resümee zusammen: *Auch zwei Mount-Everest-Expeditionen erlauben*
kein abschließendes Urteil über Gefahren und Schwierig-

keiten an einem so hohen Berg. Eines ist sicher: Das letzte Lager muss viel höher oben liegen, und oberhalb des Tschang La braucht es mindestens zwei Lager. Der Oberbau erfordert ein zweites Stockwerk, von dem aus die Bergsteiger den letzten Ansturm unternehmen können. Einer der Physiologen, die sich eingehend mit der Sache beschäftigt haben, sagt, die Bergsteiger sollten vier bis fünf Tage in einer Höhe von 7600 Metern bleiben, ehe sie den letzten Versuch an zwei aufeinander folgenden Tagen bis zum Gipfel unternehmen. Das wachsende Begehren aber, vom Lager V wegzukommen, könnte zu einem Start nach unten statt nach oben führen. Die Wohnlichkeit der Hochlager muss also besser sein, sodass ehrgeizige Bergsteiger wenigstens bescheidene Lebensverhältnisse vorfinden, um abwarten zu können.

Schon 1922 weiß Mallory, dass Bergaufgehen weniger Mühe macht als die vielen Verrichtungen im Lager. Welch ein Unterschied auch, ob man in ein vorbereitetes Lager kommt oder selbst erst ein Lager aufbauen muss! Und wenn erst ein Gefährte oder Sherpa als Koch dort ist … Lieber mit heißen Getränken versorgt als mit Sauerstoff – alle stimmen darin überein.

Heutige Bergsteiger haben da keine Hemmungen! Die berühmtesten steigen nur ein, wenn die Lagerkette der kommerziellen Expedition steht. Sie wissen, dass Touristen überallhin ihren Koch mitnehmen. Also lassen sie ihn auch für sich kochen, gegen Trinkgeld natürlich. Und man trinkt ja nur so im Vorbeigehen. Auch Sauerstoffflaschen liegen inzwischen überall herum, wenigstens für den Notfall. Ob der Sauerstoff ein wertvoller Behelf ist in großer Meereshöhe, hängt ja nur von der Länge des Aufenthalts dort oben ab. Und je besser der Weg zum Gipfel präpariert ist, umso schneller ist er zu erreichen. Inzwischen ist ja bewiesen, dass es ohne auch geht.
Ich wusste damals schon, dass es möglich ist, ohne Sauerstoffapparate auf den Gipfel zu gelangen. Denn es war logisch, dass der Luftdruckunterschied zwischen 8200 Meter und der Spitze äußerst gering ist. Leute, die sich also bei 8200 Meter ohne Maske angestrengt haben, können es auch stundenlang auf dem Gipfel aushalten.

Das Schuhwerk der Expedition von 1922 ist eine Enttäuschung gewesen. Mallory erkennt als Erster die damit einhergehende Erfrierungsgefahr. *Leider kann man mit diesen Stiefeln in großen Höhen keine Steigeisen tragen, da das fest verschnürte Riemenzeug rasch zu Erfrierungen führt.* Entweder muss man andere Stiefel oder andere Eisen erfinden. Irgendein Eisen jedenfalls braucht es, denn das Stufenschlagen hätte den Gipfelsieg vereiteln können.

Noch wichtiger ist die Sauerstoffausrüstung. Ein Bergsteiger muss mit vier Stahlflaschen zum Gipfel und zurück kommen. *Es ist denkbar und nicht unwahrscheinlich, dass man eine Stahlflasche erfindet, die bei gleichem Gewicht mehr Sauerstoff birgt.*

Die Geschichte wiederholt sich auch im Gebirge nicht, nur die Aufgaben stellen sich jedes Jahr anders und immer wieder neu. Mehr als anderswo braucht der Bergsteiger am Mount Everest scharfe Sinne für eine günstige Gelegenheit und Mutterwitz in bösen Klemmen. Dazu den Willen zum Sieg, den Willen, sich zu steigern – über das Übliche hinaus.

Jahre später sagt Irving dazu: *Der Wille kann zwar die Nerven bis zum Äußersten anspannen, aber mehr kann auch er nicht tun, und auch er, so berichtet sowohl Nortons als auch Mallorys Erfahrung, verliert in diesen Höhen an Spannkraft. Ob Wille und Nerven ein und dasselbe sind oder ob sie gegenseitig bedingt voneinander abhängen, das sind Fragen, die die Physiologen und Psychologen unter sich ausmachen sollen. Wie Anstrengung und Höhenlage zusammenwirken und die Fähigkeit des Menschen zur Körperbeherrschung beeinflussen,* sind Fragen, die offen sind.

Ist meine Einstellung nicht auch das Motto heute lebender Menschen? frage ich mich.

18.3. 1923 Wieder daheim, gibt Mallory mit seinem Scheitern den Start der nächsten Expedition bekannt. In einem unsignierten Artikel vom 18. März 1923 in der New York Times mit dem Titel *Die Mount-Everest-Besteigung – eine Arbeit für Supermann* wird Mallory zitiert: Er plant, 1924 wieder aufzubrechen, und auf die Frage nach dem Grund für die wiederholten Versuche, den Gipfel zu erreichen, antwortet er knapp: *weil er da ist.*

Ob nun meine Zeitgenossen wie zum Beispiel Somervell an meiner Aussage gezweifelt haben mögen oder nicht, was soll's. Gibt es eine klarere Antwort auf all die dummen Fragen der Journalisten? Und selbst wenn mir das berühmte *weil er da ist* nicht eingefallen sein sollte, ich stehe dazu, es ist meine Antwort geblieben – bis in unsere Tage.

Der Second Step,
der heute rechts
umgangen wird

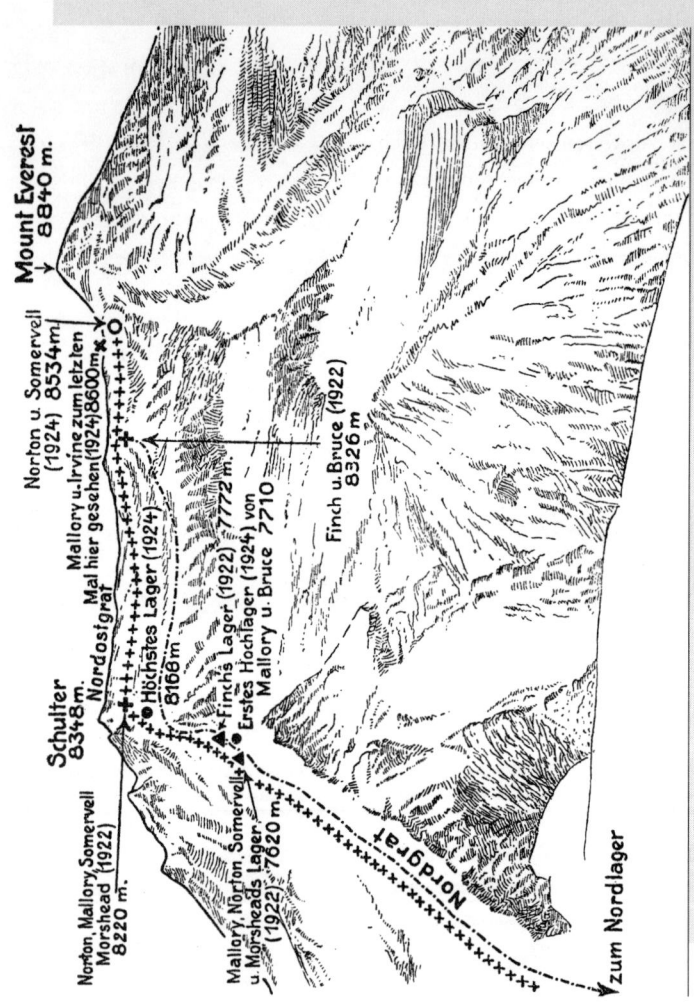

Mount Everest 8840 m.

Schulter 8348 m.

Nordostgrat

Norton u. Somervell (1924) 8534 m
Mallory u.Irvine zum letzten
Mal hier gesehen (1924) 8600 m

Höchstes Lager (1924) 7772 m.
8160 m

Finchs Lager (1922)
Erstes Hochlager (1924) von
Mallory u. Bruce 7710

Finch u. Bruce (1922)
8326 m

Norton, Mallory, Somervell
Morshead (1922)
8220 m.

Mallory, Norton, Somervell
u. Morsheads Lager
(1922) 7620 m.

Nordgrat

zum Nordlager

Die Besteigungsversuche von 1922 und 1924

Second Step

Irvine (links) und Mallory im Basislager

Die Gedenkpyramide im Everest-Basislager, 1924

Um alle Erfahrungen der beiden ersten Expeditionen aus-
werten zu können und ein neues Unternehmen gründlich
vorzubereiten, beschließt das britische Everest Commit-
tee, die dritte Expedition nicht ein Jahr später, sondern erst
1924 durchzuführen. Und diesmal soll die Entscheidung
fallen. Die Sauerstoffgeräte müssen verbessert, ein neuer
Typ Zylinder gebaut werden, um ein Drittel leichter als die
alten. Vor allem muss wärmere und winddichte Kleidung
her, zum Schutz gegen die furchtbaren Stürme am Mount
Everest. Die Zusammensetzung der Großexpedition von
1924 ist genial: General Charles G. Bruce als Oberbefehls-
haber und Oberstleutnant Edward Felix Norton als sein
Stellvertreter; Mallory, Somervell, Odell (Geologe), Irvine,
Beetham, Hazard und Geoffrey Bruce gehören zur Bergsteigergruppe; dazu kommen noch der Expeditionsarzt
Hingston, der Kameramann Noel und zwei Transport-
offiziere.

Die Magnolien über Darjeeling sind herrlich, schöner noch
als im vorigen Jahr. Ich sah vier verschiedene Farben:
Weiß, Kirschrot und zwei Töne Rosa. Wie hell und kräftig
sie sich vom dunklen Hintergrund des Berges abheben!
Das Land ringsum ist ausgedörrt, und überall hängt der
aus der Ebene heraufgewehte Staubnebel. Der Kangchen-
dzönga in schimmernden Fernen.
Auf dem Weg durch Indien war es heiß, und die Hitze ist
dieses Jahr plötzlich gekommen. Eine staubige und rußige
Geschichte, diese Bahnfahrt; ich freute mich, als sie zu
Ende war.
Norton leitet den Betrieb, und die Teilnehmer sehen viel
versprechend aus. Eine tadellose Gesellschaft. Und da
sind auch die neuen Stiefel von Dewberry. Sie lassen Gutes
erwarten.
Morgen reisen wir geschlossen nach Kalimpong, wo wir
uns wieder in zwei Gruppen teilen. Ich gehöre zur zweiten
mit Norton, Hingston, Irvine und Shebbeare, soviel ich
weiß. Noel bewegt sich unabhängig von uns.
Die englische Post ist auch nicht mehr das, was sie war.
Sie hätte gestern hier sein sollen. Aber da das Schiff sich
um zwölf Stunden verspätet hat, werden wir sie erst heute
kriegen, sodass wenig Zeit zum Beantworten bleibt.

25.3. 1924

Es ist eine gewaltige Karawane, die am 25. März 1924 in Darjeeling aufbricht. Mehr als 350 Pferde, Maultiere, Esel, Ochsen und Yaks sind aufgeboten, das Expeditionsgepäck zu befördern. Schwerfällig setzt sich der Tross in Bewegung. Über die bekannte Route, das tibetische Hochland, mit Pässen und Flüssen, die es zu queren gilt, soll es wieder zum Mount Everest gehen. Bald schon erkrankt General Bruce an einem schweren Malaria-Anfall. Muss er nach Sikkim zurückgebracht werden? Und wer soll die Leitung übernehmen?

Die Reise lässt sich sonst freundlich an. Zehn Kilometer über Darjeeling hinaus benutzt man Kraftwagen. Unterwegs lädt ein Teepflanzer namens Lister Norton, Hingston, Somervell und Mallory zum Gabelfrühstück ein. Er hat einen der berühmtesten Teegärten in Sikkim und setzt den Bergsteigern einen wunderbar würzigen Orange Pekoe vor. Wie lange werden sie auf ähnliche Genüsse verzichten müssen?

29.3. 1924

Auf dem Weg von Pedong nach Phari testet Mallory seine neuen Stiefel zum ersten Mal auf einem ganzen Tagesmarsch. *Stiefel, Knöchel und Hüfte betragen sich anständig*, stellt er fest, sodass er sich beim Steigen bald nicht mehr an sie erinnert. Er kann mit jedermann Schritt halten, ist in glänzender Verfassung.

7.4. 1924

Jeder der Teilnehmer hat ein Whymper-Zelt für sich. Dieser Zelttyp hat zwei Stangen und ist dadurch bedeutend geräumiger als Zelte mit einer Stange. *Da das Bodenstück an die Seitenwände angenäht ist, genießt man vollkommenen Schutz gegen Zug und Staub, wenn man die Öffnung vom Wind abwendet. Ein Segen sind die vielen Taschen in der Wand. Es ist auch keineswegs eng, denn es misst zwei Meter im Geviert.*

Mallory fühlt sich in der Höhe besser als 1921 und 1922. Er steigt fast so leicht wie in den Alpen, er schläft gut und lange, fühlt keinerlei Beschwerden.

Nur das Wetter war diesmal anders, ungut. Sonderbarer Gegensatz zu meiner Psyche! Doch es erschreckt mich nicht. Über Wüste und Steppe ging ich wie in Trance zurück zu den nackten Steingebirgen, zu meinem Mount Everest. Wer sollte meine Seele zur Umkehr zwingen, wenn nicht ich selbst?

Schon beim Anmarsch wird Mallory an den Monsun erinnert. Aber es ist schwierig, die Ursachen des Wetters zu ergründen und die Zeichen zu deuten oder Vergleiche mit früheren Jahren anzustellen. Abends kleben oft rauchgraue Wolken an den Bergflanken. Als ob die Luft mit Feuchtigkeit überladen sei. Dabei verzeichnet der indische Wetterbericht 1924 eine außergewöhnliche Trockenheit in Bengalen.

Schade, dass General Bruce nicht weiter mitkommen konnte, er war ein blendender Organisator. Norton übernahm die Führung und ernannte mich zu seinem Stellvertreter, zum Anführer der Bergsteiger. Ich muss bekennen, die neue Stellung befriedigte mich, sie passte zu mir.

14.4.
1924

Mallory lässt sich die Pläne durch den Kopf gehen, die er mit Nortons Vorschlägen verschmelzen muss. Nortons Logistik für den Gipfel lautet so: Zwei Leute ohne Sauerstoff errichten Lager V auf 8100 Meter und schlafen dort. Tags darauf dringen sie zum Gipfel vor, sei es erkundend, sei es bis zur Spitze, wenn die Umstände günstig sind. Oder Plan b: Am Tag, an dem die beiden Bergsteiger vom Lager V abgehen, begibt sich eine Dreiergruppe mit Sauerstoff zum Lager V, wo sie die ersten zwei zurückerwartet und am folgenden Tag vordringt.
Die Vorzüge dieses Vorschlags bestehen darin, dass die beiden Gruppen sich gegenseitig unterstützen könnten, der Nachteil ist, dass die zwei Leute mit nur einem Zwischenlager auskommen müssen, wohingegen zwei Lager zwischen Nordsattel und Gipfel die beste Aussicht bieten. Versagt der gaslose Angriff und haben die »Gasmenschen« auch keinen Erfolg, wären die Kräfte unnütz vergeudet.

Norton und ich arbeiteten vollkommen reibungslos zusammen. Da ich Hindi lernte und mir die Namen der Sherpas einprägte, blieb wenig Zeit zum Lesen. Hie und da versenkte ich mich in die Briefe von Keats oder in »Spirit of Man«. Als ob in mir ein fremdes Schicksal steckte, fürchtete ich mich vor der Verantwortung. Ich war zwar fest davon überzeugt, dass ich von jetzt an gesund bliebe, aber nicht sicher, wie es dieses Mal ausgehen würde. Den Berg können wir bezwingen, unser Schicksal nicht.

Ununterbrochen grübelte ich über den großen Aufstieg, den letzten Versuch. Plötzlich die Erleuchtung. Hatte mich eine Gehirnwelle begnadet? Anders kann ich das Entstehen meines neuen Besteigungsplanes nicht beschreiben.

> *a. Gruppe A und B mit 15 Trägern vom Nordsattel ausgehend bauen für Lager V vier Zeltplätze in etwa 7800 Meter Höhe und steigen ab.*
>
> *b. Gruppe C und D gehen gaslos mit anderen 15 Trägern zum Lager V. Sieben Träger mit Lasten steigen nachher ab; die acht unbeladenen bleiben oben.*
>
> *c. Gruppe C und D dringen vor, um ein Lager VII in rund 8300 Meter Höhe einzurichten. Ihre acht Träger schleppen nur sechs Lasten.*
>
> *d. E und F, Sauerstoffgruppe, am gleichen Tage wie c mit zehn Trägern ab Nordsattel ohne Lasten nach Lager V. Von da ab atmen E und F Sauerstoff. Sie befördern die bei V liegenden Sachen etwa 300 Meter höher zum Lager VI in 8100 Meter Höhe.*
>
> *e. Beide Gruppen brechen am nächsten Tag auf und treffen sich auf dem Gipfel.*

**17.4.
1924**

Sind die Vorzüge dieses Plans einleuchtend? Ja! *Da wäre vor allem die gegenseitige Unterstützung; dann das Einrichten der Lager ohne Verbrauch von Ersatzmännern, denn A und B würden nicht stark in Anspruch genommen; nicht zuletzt die Aussicht, Lager VI ohne Träger-Versagen einrichten zu können. Gelingt der Wurf nicht gleich, wäre man doch in guter Stellung für den nächsten Versuch: vier Mann verfügbar, alle Lager beziehbar.*

Strategie oder Taktik würde man heute zu einem solchen Plan sagen. Neue Ausdrücke für alte Problemstellungen. Mich hat das Portfolio nie interessiert, und die Agenda hatte ich jetzt selbst in der Hand.

Ein Plan gilt nur, solange man ihn ausführt, und Taten geschehen nur im Tun. Also plante ich in der Nacht und marschierte am Tag. Muskeln und Sehnen wachsen beim Gehen.

Unrast beherrschte mich, seit ich verantwortlich war für den Berg, für die Größe der Ereignisse also. Auch Zweifel und Angst kamen auf, aber nie der Gedanke an Umkehr. Der Rückmarsch hätte mich jetzt schon zerstört. Um nach Hause zu gehen, reichten löchrige Schuhe, um zum Gipfel zu kommen, brauchten wir einen Plan und den Willen zum Sieg.

Norton meint, dass Somervell und ich je eine Gruppe führen sollen. Er überlässt es mir, ob er dabei sein soll; sehr vornehm, was? Wir werden den körperlichen Zustand aller Teilnehmer prüfen. Entweder Odell oder Irvine muss bei der Gasabteilung sein.

24.4.
1924

Unablässig beschäftigen sich Mallory und Norton mit den Besteigungsplänen. Nach längerer Beratung verkündet Norton das Ergebnis eines Tages nach dem Essen. Die Zuweisung der Teilnehmer zu Mallorys und Somervells Gruppe soll von Folgendem abhängen: Von der Annahme ausgehend, dass die Sauerstoffler weniger erschöpft sein würden und somit den anderen eher helfen könnten, soll Mallory Sauerstoff gebrauchen und für den Abstieg verantwortlich sein. Aufgrund seiner früheren Leistungen nimmt man an, dass sich Somervell nach einem gaslosen Versuch rasch erholen und für einen neuen Versuch verfügbar sein würde. Odell oder Irvine sollen bei der Sauerstoffgruppe sein. Odell ist der Sauerstoffbeamte, und Irvine hat technische Verbesserungen gemacht. Die Ausrüstung war voller Mängel und leckte überall. Irvine hat geradezu einen neuen Apparat erfunden, indem er Überflüssiges ausschaltete. Wenn Norton gut trainiert ist, will er Somervell begleiten.

Es ist sehr schwer, die Rollen so zu verteilen, dass jeder den seiner Leistungsfähigkeit entsprechenden Platz im Team erhält. Deshalb will ich mich nicht beklagen, dass ich mit Sauerstoff gehen und Irvine mich begleiten soll. Er wird ein zuverlässiger Begleiter sein, geschickt mit Sauerstoff und Kochgerät. Wir dürfen nur nicht zu viel zu schleppen haben, müssen mit einem Minimum an Flaschensauerstoff auskommen. Finch und Bruce haben sich 1922 zu viele Stahlflaschen aufgebürdet.

Ich hoffe nur, dass auch die Gaslosen auf die Spitze kommen! Wir müssen zu viert oben stehen! Das muss doch gehen! Wenn Windstille herrscht, wollen wir bei Mondlicht aufbrechen. Bleibt uns das Glück hold, können wir den Berg erstiegen haben, ehe der Wind gefährlich wird. Um den 17. Mai hoffen wir auf dem Gipfel zu stehen.

Ich brenne vor Kampfbegier, schreibt Mallory seiner Frau.

Ende April wird das Basislager im Rongbuk-Tal errichtet. Das Wetter ist gut, und alle sind voller Zuversicht. Obgleich der Mount Everest unten ziemlich weiß aussieht, ist er oben dunkel. Im Gipfelbereich sieht man auch nach einem Schneefall kaum eine Veränderung. Es soll keine Zeit verloren und unverzüglich mit dem Aufbau der Hochlager begonnen werden. Alles soll nach den ausgearbeiteten Plänen laufen.

27.4.
1924

Mallory stellt plötzlich eine Kiste mit Steigeisen ins Zelt, und Irvine ist bis zum Abendessen damit beschäftigt, sie an Mallorys und seine Schuhe anzupassen. Der Tüftler schafft es, die Steigeisen zu fixieren, ohne dass einer der Riemen über die Zehenkappe der Schuhe läuft, was die Blutzirkulation einschränkt und rasch zu Erfrierungen führen kann.

An Irvine gefiel mir nicht nur sein technisches Talent, sein Selbstverständnis im Umgang mit den Erfahreneren in der Mannschaft, sondern auch seine Naivität. Er war sicher, sich rasch zu akklimatisieren und in der Höhe eine gute Figur zu machen. War er doch mit Arnold Lunn Ski gelaufen!

Mallory muss sich nun um die Ausrüstung für die Hochlager und den Lastentransport dorthin kümmern. Eine verwickelte Geschichte!
Besonders Lager III ist wichtig, von dem aus Lager IV versorgt werden muss. Er hat einen Trägerplan entworfen, der sich in den für die Bergsteiger einfügt. Seine Vorschläge sind zwar verzwickt, lassen aber so viel Spielraum, dass zwei Schlechtwettertage keinen Strich durch die Rechnung machen würden. Noch ist der Berg weit weg, und doch sind diese Pläne der Anfang von Furcht und Hektik im Basislager.

Je größer der Abstand vom Berg ist, desto mehr erscheint er jetzt als Grenzwall der Welt. Sind diese Felsen das Symbol der Endgültigkeit oder nur das Ende meiner Sehnsucht?

Andrew Irvine (»Sandy«) bei der Everest-Expedition 1924

Das Suchen eines möglichen Weges ist immer langwieriger als das Begehen eines alten Weges, aber nie langweilig. Lager III kann von Mallory anfangs nur mit knapper Not erreicht werden. Am alten Lagerplatz überkommt ihn ein merkwürdiges Gefühl: Verrostete Sauerstoffflaschen stehen an den Steinmann gelehnt, der zum Andenken an die verunglückten Träger errichtet worden ist; sonst ist fast alles unverändert. Erinnerungen tauchen auf. Die Trägerabteilung scheint erledigt zu sein und nicht an die Lawinenkatastrophe von 1922 zu denken, als sie am Lagerplatz eintrifft. Es ist erst 18 Uhr und schon rasend kalt.

7.5. 1924

Mallory sieht mehr als müde aus, und nicht nur Irvine fragt sich, während er sein Tagebuch schreibt, ob sein Leader so viel Einsatz verkraften kann. Er nennt ihn jetzt George.

8.5. 1924

Geoffrey Bruce ist jetzt für die Zelte, das Befinden der Träger und die Befehle verantwortlich. Wieder steht Mallory früh auf und geht zum Lager II, wo er Norton und Somervell antrifft. Nun, da die Verantwortung nicht mehr allein auf seinen Schultern ruht, fühlt er sich erleichtert. Mit Norton und Geoffrey Bruce begleitet er weitere drei Träger zum Lager III. Eine Art Schicksalsergebenheit ist mit ihm.

Mallory macht es sich im Lager bequem. Er wohnt wieder mit Somervell zusammen. Er zieht im Zelt Stiefel und Hosen aus und schlüpft in die von seiner Frau gestrickten Wollstutzen, die das ganze Bein bedecken. Darüber kommen graue Flanellhosen, zwei Paar Socken und Leinwandschuhe, Ähnliches über den Oberkörper. Zu guter Letzt steckt er die Beine in den Schlafsack. Dann spielen Somervell und Mallory Pikett.

Später kommen Norton und Bruce ins Zelt, um die Lage zu besprechen. Mallory holt »Spirit of Man« hervor und gibt einige ausgewählte Stellen zum Besten. Somervell erinnert ihn daran, dass sie vor zwei Jahren genau dasselbe taten, als sie zusammen im Zelt lagen. Plötzlich ist die heiße Suppe da.

In der Nacht überfällt ein Sturm das Lager, mit heftigen Böen und Schneewehen. Kaltes Eispulver dringt durch die Zeltnähte und lagert sich auf Gesicht und Hände, wenn man Arme und Kopf nicht unter der Decke behält. Am Morgen liegen sieben Zentimeter Schnee im Zelt, alles ist klamm.

Draußen liegt zwar nicht viel mehr Neuschnee, aber es stürmt. Rückzug? Mallory ist zuerst dagegen, er will noch einen Tag ausharren. Am Nordsattel ist nichts zu machen, und es hat keinen Zweck, die Träger im Lager III zu behalten. Norton pflichtet ihm bei. Dann einigt man sich auf folgenden Plan: Somervell, Norton und Odell sollen den Weg zum Nordsattel bahnen, Mallory und Irvine ins Basislager abziehen.

11.5. 1924

Als Mallory und Irvine wieder im Standlager sind, räumt Norton Lager III. Das war also der erste Rückschlag. Alle müssen zurück, der Berg tobt.

Manchmal packte auch mich der Überdruss. Wenn wir unten schon so viele Probleme hatten, wie sollten es oben weniger werden? Das nennt man Pessimismus, und dagegen half nur: Augen zu und durch. Mein Ziel leuchtete also immer noch heller als die Moränenrücken bis zum Lager III, und dorthin mussten Konserven, Ausrüstung, Brennstoff gebracht werden.

Wie müde wir damals oft waren! Auch Sandy hat es bemerkt, dem langsam klar wurde, wie unmenschlich das Leben in großer Höhe ist: das Lagern, das Kochen, das Ankleiden am Morgen, alles. Trotzdem blieb unser Jüngster zurückhaltend, hilfsbereit, meist sogar fröhlich. So ausgeglichen war ich nicht.

Alles umsonst? Nein. Sicher, der Mount Everest ist fast 9000 Meter hoch, aber ich wollte trotzdem hinauf!

Zuerst war da nur eine Idee, dann die Verpflichtung, jetzt oft nur noch der Wille zum Sieg. Wenn meine Leute nicht begreifen konnten, was ich will, wie sollten sie mitfiebern? Sie konnten nicht einmal ihre Haltung verlieren. Ich hatte immer mein Ziel vor Augen, war auf dem Sprung, bereit, auch mein Leben zu riskieren.

27.5. 1924

Lager III wird auch beim zweiten Anlauf zur Hölle: große und anhaltende Kälte mit Sturm, schwindende Hoffnung. Trotzdem, Norton und Mallory haben inzwischen den Aufstieg zum Nordsattel im Griff. Die Eiswand und ein Eiskamin werden abgesichert. Beim Abstieg fällt Mallory in eine Spalte und versinkt kurz in ein Schneegrab.

Im Eiskamin der Tschang-La-Wand

Glücklicherweise bleibt er nach drei Metern stecken, atemlos. Sein Pickel hat sich quer in der Spalte verkeilt. *Unter mir klaffte ein unliebenswürdiges schwarzes Loch.* Die anderen ahnen nicht, wo er steckt. Und so bleibt ihm nichts übrig, als den Schnee wegzukratzen, das Loch zu erweitern und aus der Spalte herauszukriechen. Zudem leidet Mallory an Husten. In den höheren Lagern macht er ihm das Leben zur Hölle. Am Nordsattel drehen ihm Hustenanfälle fast die Eingeweide um. Dazu Kopfweh und dieser Monsun! Werden sie noch einmal die Gelegenheit haben, alles zu wagen?

Es hat keinen Zweck, Geschwächte gegen den Berg anrennen zu lassen. Die ganze Mannschaft ist in einem traurigen Zustand. Die Männer müssen versuchen, sich zu erholen und einen gekürzten Plan durchzuführen. Norton überlässt Mallory die Auswahl der nächsten Stoßtrupps. Dieser weiß noch nicht recht, wie sie es schaffen können, zögert.

Ich konnte nicht glauben, dass alles schlecht bleibt, das Wetter, die Moral der Mannschaft, meine Gesundheit. War gut oder schlecht nicht auch meine Entscheidung?

Solange ich mich bewegen konnte, ging es aufwärts, ich glaubte also nicht an das Scheitern. Ganz einfach: Ich hatte keine Krankheit zu haben. Die vielen Menschen im Standlager, die mich sahen, mich hörten, mich fühlten, wussten, dass ich über Eiswände, durch Stürme, 60 Stunden weit ohne zu rasten gehen konnte. Wenn es sein musste, bis ans Ende der Welt. Vielleicht sahen auch sie, was ich sah, das Unüberwindliche am Gipfelgrat des Everest, aber ich erlaubte ihnen ebenso wenig wie mir, am Erfolg zu zweifeln. Ich wollte sie überzeugen! Ich war ihr Anstifter für meinen Untergang.

Sie sollten sich ausschlafen, rasten, weiter nichts. Während ich mich bemühte, sie für den Gipfelgang und das Ende meiner Tage vorzubereiten, konnte mein ewiger Ruhm beginnen.

Der Mai, der am Mount Everest als Gutwetter-Monat gilt, ist 1924 winterlich kalt und niederschlagsreich. Im Lager III fällt das Thermometer auf 30 Grad unter null, und noch zweimal muss die Mannschaft bis ins Basislager zurückgenommen werden. Diese Rückzüge bei Schneesturm und Lawinengefahr kosten zwei Sherpas das Leben und machen Sahibs und Träger mürbe. Erschöpfung allerorten. Hat die Expedition ihr Pulver zu früh verschossen? Dabei ist der Monsun noch gar nicht da! Als sich in den letzten Maitagen strahlendes Wetter ankündigt, ist die Mannschaft geschwächt.

1.6. 1924

Alle Lager bis unter den Nordsattel werden besetzt und am 1. Juni Lager IV dort erstellt. Oberhalb des Nordsattels dürfen die Lasten der Träger höchstens neun Kilogramm wiegen; Somervell und Norton tragen Rucksäcke mit ihren Kleinigkeiten.

Norton ist bekleidet mit Leibchen und Unterhose aus dicker Wolle, einem dicken Flanellhemd, zwei Schlüpfern; darüber trägt er einen Berganzug aus winddichtem Gabardine, dessen Kurzhose mit Flanell gefüttert ist, ferner weiche Wadenbinden aus Kaschmir. Die Ledersohlen der Filzstiefel sind berggerecht, aber nicht zu schwer benagelt. Über allem trägt er einen langhosigen Windanzug aus Burberrys »Shackleton-Wind-Gabardine«. Die Hände stecken in langen Wollfäustlingen mit Überzügen aus Gabardine. Auf dem Kopf hat er einen pelzgefütterten Lederhelm, wie ihn Kraftradfahrer damals trugen. Seine Schneebrille ist in eine Ledermaske eingenäht, die das Gesicht verhüllt, soweit der Bart es nicht schützt. Ein breiter wollener Halswärmer vervollständigt diese Rüstung.

Somervell ist ähnlich angezogen. Sogar die Träger sind mit Windanzügen und Wollkleidern ausgestattet. Lauter komische Filzpuppen steigen da den Everest aufwärts! Sie folgen dem alten Weg längs des Nordgrates.

Beim Stufenschlagen vertauschen die Sahibs die Wollfäustlinge des besseren Griffes wegen mit Seidenhandschuhen.

Als Mallory und Bruce mit ihren Trägern bei 7700 Meter Höhe auftauchen, gestattet der Wind keine lange Unterhaltung. Die Träger sind bei diesem grausamen Wind nicht weiterzubekommen. Trotzdem, da im Lager V alles vorhanden ist, werden zwei von ihnen entbehrlich, die mit Mallory und Bruce absteigen. Norton behält vier, und sie erreichen Lager V ohne Zwischenfall. Zwei Zelte stehen dort auf wackligen Plattformen, die in den Hang gebaut sind.

Der Nachmittag vergeht wie gewöhnlich. Zunächst bleiben beide Bergsteiger im Schlafsack liegen. Dann erhebt sich einer und schleppt sich keuchend bis zum nächsten Schneefleck, wo er die Aluminiumtöpfe füllt. Der andere hat sich mittlerweile stöhnend aufgerichtet und den Metakocher aufgebaut. Aus den Säcken mit Pemmikan, Tee, Zucker, Milchpulver, Sardinen und Hartbrot nimmt er dann, was er zu brauchen glaubt, und beide warten, im Schlafsack liegend, bis der Metakocher den Schnee in lauwarmes Wasser verwandelt hat. Das klingt einfach, ist aber kein Honigschlecken. Auch ihr Ächzen und Stöhnen ist keine dichterische Übertreibung. Nicht einmal Klettern in solchen Höhen ist so anstrengend wie die Küchenarbeit. Das Allerschlimmste aber ist, dass das Zeug gegessen werden muss. Feste Nahrung widert in großer Meereshöhe an, und zu trinken kriegt man nie genug.
Ohne viel Hoffnung legen sich Somervell und Norton schlafen. Ob sie in dieser Welt aus Stein und Eis mehr aus den Trägern herausholen können als Mallory und Bruce?

3.6. 1924

Um 5 Uhr stehen die beiden auf. Während sich Somervell ums Frühstück kümmert, schaut Norton zu den Trägern ins Zelt. Sie sollen Tee kochen und etwas essen. Zwei sind bergkrank. Nur Lhakpa Tschedi scheint marschfähig zu sein. Und Narbu Jischee? Norton hält ihnen einen Vortrag über Ehre und Heldentum. Noch 600 Meter, und sie würden ihre Lasten 500 Meter höher getragen haben als irgendein Mensch. Norton setzt sich durch, und drei Hochträger sind bereit, eine weitere Etappe aufwärts zu gehen – wenn auch nur mit einer Last von neun Kilogramm.
Gegen Mittag kommen sie am höchsten Punkt vorbei, den Mallory, Somervell und Norton 1922 erreicht haben. Am frühen Nachmittag ist nicht nur Semtschumbi am Ende seiner Kräfte. In einer gegen Norden offenen Felsnische finden sie einen Zeltplatz, der Schutz vor einem stürmischen Nordwest bietet. Zwei Träger räumen Steine beiseite und bauen eine Stützmauer für das Zelt von Lager VI. Als es steht, in einer Höhe von 8150 Metern, sucht Norton noch nach dem Weiterweg. Die Träger steigen zum Lager am Nordsattel ab. Norton und Somervell bleiben allein zurück.

Der Nachmittag vergeht wie immer im Hochlager, nur dass sie keine Träger aufzupulvern brauchen. Norton schläft gut, und das in 8150 Meter Höhe. Außer den Stiefeln hat er zwei Flaschen mit warmem Tee mit in den Schlafsack genommen, um sie warm zu halten.

Die Höhe von Lager VI wird später mit 8145 Metern berechnet. Es ist das höchste Lager, in dem bis dahin je ein Mensch übernachtet hat. Die meisten Physiologen hätten so etwas für unmöglich gehalten. Trotzdem ist es Nortons schönste Nacht seit Lager I.

4.6. 1924

Am 4. Juni 1924 brechen Norton und Somervell um 6 Uhr 40 auf. Es ist fast windstill – ein idealer Tag, wie es ihn in den oberen Regionen des Mount Everest nur selten gibt.

Eine Stunde oberhalb des Lagers stoßen Norton und Somervell auf eine Sandsteinschicht, die quer durch die Nordflanke des Mount Everest zieht. Das Gehen auf den langen Bändern wird leichter.

Dieser gelbliche Kalksandstein und die sandigen Schiefer, die quer durch die Nordflanke des Massivs laufen und lange Leisten bilden, sind, solange sie schneefrei sind, gut begehbar. Trotzdem kommen die beiden Bergsteiger infolge des Sauerstoffmangels nur langsam vorwärts – sie gehen ohne Atemgeräte. Alle paar Schritte bleiben sie stehen; Somervell leidet unter Höhenhusten, Norton zittert vor Kälte, auch wenn er in der Sonne rastet. Die Schneebrille legt er nur auf Schneepassagen an, die selten vorkommen, denn die Brillenränder beschränken sein Gesichtsfeld, wenn er nach Tritten sucht. In 8400 Meter Höhe machen plötzlich die Augen Probleme, er sieht doppelt und ist im Ungewissen, wohin er den Fuß stellen soll. Ist er schneeblind? Nein, sagt Somervell, ausgeschlossen. Also sind es Sinnestäuschungen infolge des Sauerstoffmangels! Die beiden können keine 20 Schritte mehr tun, ohne anzuhalten und nach Luft zu schnappen. Auf dem oberen Rand des Gelben Bandes nähern sich Norton und Somervell gegen Mittag dem großen Couloir, das die gewaltige Nordflanke herabzieht. Somervell, durch seine schlimmen Halsbeschwerden gezwungen aufzugeben, bleibt zurück. Trotz Schüttelfrosts und Erstickungsanfällen bringt er es fertig, in 8540 Meter Höhe jene berühmte Aufnahme gegen den Everest-Gipfel zu machen, die einen einsamen Norton zeigt, der allein gegen die Spitze des Mount Everest steigt, die unmittelbar über ihm wie ein Pfeil in den Himmel ragt.

Kurz nach einem späten Frühstück, während Sandy und ich die Sauerstoffapparate für unseren Versuch vorbereiteten, kam ein Träger von oben und erzählte, dass Norton und Somervell Lager VI erstellt und dort genächtigt hatten. Natürlich war ich aufgeregt. Sie hätten ja den Gipfel erreichen können! Sogar bei Sandy schwang neben der Hoffnung, dass sie es schafften, die Sorge mit, zu spät zu kommen.

Je besser die Aussicht, umso mehr enttäuscht sie. Norton steht jetzt zwar hoch über allen anderen Bergspitzen, und die Landschaft unter ihm erscheint flach, wenn er auf die langen Gletscher mit den Moränen hinabblickt. Gegen Norden reihen sich die Hügelketten Tibets aneinander. Jedes Gefühl für Entfernung aber ist ihm abhanden gekommen. Ganz hinten, hintereinander, sieht er ein paar Eiskuppen, sonst nur Dunst. Seltsam, wie diese fernen Berge über den Himmelsrand schauen, denkt er.

Das Gelände wird in der Nähe des großen Couloirs schwieriger. Auf den schmalen, mit Pulverschnee bedeckten Leisten liegen Felsplatten wie Dachziegel übereinander. Unglaublich, wie langsam ein gut akklimatisierter Bergsteiger wie Norton in dieser Höhe vorankommt. Das große Couloir ist mit lockerem Pulverschnee gefüllt, in dem er tief einsinkt. Norton geht an der Grenze des Möglichen. Die Haftfähigkeit seiner beschlagenen Schuhsohlen auf den verschneiten, glatten Kalkplatten ist unberechenbar. Dazu kommen Nervenanspannung und Erschöpfung. Die durch den Sauerstoffmangel bedingten Sehstörungen nehmen zu. In einer Stunde bewältigt Norton nur 270 Längen- und 30 Höhenmeter.

Und es sind noch 300 Höhenmeter bis zum Gipfel. 300 Meter, die Höhe des Eiffelturms – das klingt wenig. Diese 300 Meter bedeuten aber Stunden – wie viele Stunden? – voller Anstrengung, Konzentration, Risiko.

Nein, Norton hat keine andere Wahl – wenn er nicht umkommen will, muss er zurück!

Norton ist am Ende seiner Kräfte und weiß nicht, ob er sich an jener Grenze befindet, an der es ohne Sauerstoffgerät kein Weiter gibt, oder ob ihn die Wochen vorher so geschwächt haben, dass es jetzt für keinen weiteren Schritt mehr reicht. Er glaubt zwar weiter, dass ungeschwächte Bergsteiger unter günstigen Bedingungen auch ohne Sauerstoff auf den Gipfel kommen könnten, kehrt aber um.

Der Abstieg, zuerst zu Somervell, der seinen Eispickel verliert, dann den Aufstiegsweg zurück, gelingt. Im Lager VI holen sie einige Sachen und eine Zeltstange als Pickelersatz, legen das Zelt nieder und beschweren es mit Steinen. Dann nichts wie weiter, hinab, zurück zum Lager IV. Bei Sonnenuntergang kommen sie am Lager V vorbei, unangeseilt. Somervell bleibt zurück und erstickt beinahe an einem Hustenanfall. Mit der Taschenlampe, völlig ausgedörrt, nähern sie sich später dem Lager am Nordsattel.

Mallory sieht sie kommen: *Als die beiden zurückkamen, ging ich ihnen mit Odell entgegen: Es war ein trauriger Anblick, beide am Boden, physisch wie psychisch, Norton schneeblind. Jetzt wusste ich, und dieser Entschluss war endgültig, Irvine und ich würden mit Sauerstoffgeräten steigen.*

Als Mallory und Odell mit Norton und Somervell ins Lager kommen, sitzt Irvine über den Kochtöpfen. Er kocht Tee und Suppe, feste Speisen will keiner.

Ja, dachte ich, dieser Junge ist der richtige Partner. Nur Sandys Gesicht gefiel mir nicht: völlig sonnenverbrannt! Dieser hellhäutige und blauäugige Jüngling litt mehr als alle anderen Expeditionsmitglieder unter der Höhensonne. Die Haut hing ihm in Fetzen von Nase und Wangen, seine Lippen waren geschwollen. Aber sein Geist war ungebrochen, und er wollte zum Gipfel.

Ob es stimmt, dass Irvine damals lieber ohne Maske nur bis an den Fuß der Gipfelpyramide als mit Sauerstoff ganz bis oben mitgekommen wäre, bezweifle ich. Jedenfalls hielt er am Morgen des 6. Juni zwei Sauerstoffapparate für uns beide bereit. Und sie funktionierten!

Jetzt war ich also in Zugzwang: Norton war ohne Maske gescheitert, und ich würde von den Herrschaften in Cambridge
kein viertes Mal eine Erlaubnis erhalten, für ein weiteres halbes
Jahr in den Himalaja zu reisen. Das wusste ich. Also jetzt oder
nie! Lieber mit Sauerstoffausrüstung gewagt als endgültig gescheitert. Was würden denn all meine intellektuellen Bewunde-
rer, die mich mehr um Muskeln und Mut beneideten als um
meine Phantasie, denken, wenn ich nicht zu wagen wagte, was
sie über mich zu denken vorgaben.

> Jetzt ist also Mallory an der Reihe. Er zeigt wieder ein-
> mal seine unbeugsame Entschlusskraft. Allen voran-
> gegangenen Anstrengungen zum Trotz will er keine
> Gelegenheit ungenutzt lassen, den Gipfel zu erreichen.
> Einen Versuch will er noch machen, und zwar mit Irvine
> und mit Sauerstoff. Es sind genug Träger da, und das
> Wetter ist schön. Die Zelte in den Lagern V und VI sind
> verfügbar, und so können die Träger mit Zylindern bela-
> den werden, jenen Flaschen aus Vibrac-Stahl, in denen
> »englische Luft«, flüssiger Sauerstoff, transportiert
> wird. Niemand widerspricht.
> Nur mit Irvine als Begleiter ist Norton nicht einverstan-
> den. Er sagt es aber nicht. Irvine leidet unter Halsweh
> und hat wenig Erfahrung als Bergsteiger. Alle wissen:
> Odell ist in besserer Verfassung, er wäre der bessere
> Zweite. Aber Mallory geht mit Irvine.

Warum ich trotz allem Irvine als Begleiter wollte? Sein technischer Spürsinn und seine große Hoffnung auf die Wirksamkeit
des Sauerstoffs haben mich überzeugt. Seine Begeisterungsfähigkeit auch, weniger seine Bewunderung für mich. Vielleicht
auch sein Vertrauen in die Geräte, in mich. Vertrauen ist eine
grundlegende Bedingung für den Erfolg.

> Norton macht von seinem Einspruchsrecht keinen Ge-
> brauch, er will Mallorys Anordnungen nicht umwerfen.
> Es geht um den letzten Versuch. Um den Sieg?

**5.6.
1924**

> Mallory und Irvine treffen ihre Vorbereitungen für die
> Besteigung. Norton, der Nepali spricht, tritt, schnee-
> blind wie er ist, von Zeit zu Zeit vors Zelt, um die Träger
> zu motivieren, nach Lager V und VI zu gehen. Er will
> ihnen Mut auf Vorrat mitgeben.

Nein, Norton war nie mein Konkurrent gewesen, und ich schätzte ihn als Expeditionsleiter. Er war der bessere Organisator, ich der bessere Bergsteiger. Nicht umsonst hat er mir die Verantwortung für die Logistik am Berg übertragen, den Vortritt gelassen. Ich weiß, er plädierte für den Quergang ins große Couloir, ich wollte über den Nordostgrat zum Gipfel. Wer Recht hat, zeigt die Geschichte. Wo verläuft denn heute die Route? Und wie heißt sie?

6.6. **1924**	Während der schneeblinde Norton hinab ins Lager III geführt und getragen wird, steigen Mallory und Irvine zum Lager V, jeder mit seiner Sauerstoffapparatur.
7.6. **1924**	Norton will mit Bruce, Noel und Hingston im Lager III bleiben, bis die Gipfelmänner zurück sind. Mallory und Irvine steigen von Lager V in Lager VI weiter.

Immer wieder fragt man sich, warum ich Irvine als meinen Gefährten ausgesucht habe und nicht den bergsteigerisch erstklassigen Geologen Odell, der in bester Form war. Weil man einen Schuldigen haben will? Vielleicht. Ich war kaum 38 Jahre alt, hatte viel Erfahrung, am Mount Everest unermessliche Tage erlebt, war ein Star und deswegen nicht von allen geliebt, von Irvine aber verehrt. Andrew Irvine war kräftig, mein Vertrauter und technisch geschickt.

Wir nannten ihn »Sandy«. Seine muntere Kameradschaft war eine Bereicherung in jeder Situation. Irvine machte sich bei allen beliebt, sogar bei den Trägern, von deren Sprache er kein einziges Wort verstand. Bruce soll, als er später Irvines Charakter zu schildern versuchte, gesagt haben: *Wer einen solchen Ruf hinterlässt, mag beruhigt in den Bergen sterben.*

Reicht das nicht? Irvine war 22 Jahre alt, fast noch ein Knabe. Körperlich und geistig aber durfte man ihn zu den Erwachsenen zählen, unter denen er zwar als Ebenbürtiger, aber bescheiden auftrat. Er war ein guter Skiläufer, war auf Spitzbergen gewesen, kletterte ordentlich. Mächtige Schultern und schlanke Beine bewiesen, dass er ein exzellenter Sportler war, der sich öfter für Oxfords Siege eingebracht hatte.

Allerdings beschränkte sich seine alpine Erfahrung auf Felsklettereien in den britischen Bergen und auf einige Bergbesteigungen in Spitzbergen, wo seine geistigen und körperlichen Fähigkeiten aufgefallen sind.

Zu seinen besonderen Fähigkeiten aber gehörte jener geniale Sinn für technische Dinge, der mir fehlte. Also brauchte ich ihn. Im Notfall sollte er für das Instandsetzen der Sauerstoffgeräte und fürs Gemüt da sein.

**8.6.
1924**

Am Morgen ist es windstill und nicht besonders kalt. Also Aufbruch im Lager VI. Mallory strebt dem Nordostgrat zu, Irvine folgt. Beide benutzen die Sauerstoffsysteme, die Irvine repariert hat. Über Steilstufen und Bändersysteme, viel langsamer als erwartet, erreichen sie besser begehbares Gelände und queren unter der ersten Stufe nordseitig unter dem Grat dem Gipfel zu. Den First Step selbst erklettern sie also nicht. Sie bleiben auch zwischen den beiden markanten Steilstufen meist auf den Bändern unter dem Grat. Nur zwei-, dreimal stehen sie an der Kante, am Grat zwischen Nord- und Ostflanke, und sind somit als Silhouetten von unten zu erkennen. Es ist inzwischen Mittag vorbei. Monsunnebel ziehen von Süden her über den Gipfelaufbau des Berges.

Nein, am Gipfelgrat des Mount Everest, wo Himmel und Erde sich scheinbar berühren, waren wir der Unendlichkeit nicht näher als weiter unten, auch der Wahrheit nicht oder dem Glück. Hier oben geht es nicht um Dinge, nicht einmal um Erkenntnisse oder Gedanken, sondern nur um die Übersicht, um das Weiter, um die Substanz vielleicht. Nicht Ideen bieten sich ganz oben also an, sondern Erscheinungen. Raum und Zeit sind dort oben näher am Ursprung als in den Tälern. Der Seher kommt von den Bergen – aber nein, nicht dass er mehr wüsste, er hat nur die Übersicht. Vielleicht weil er gesehen hat. Aber viel sehen kann er so hoch oben nicht.

Während Odell an diesem 8. Juni 1924 Richtung Lager VI steigt, glaubt er im Nebelreißen zwei winzige Punkte zu sehen, die sich bewegen. Seine Augen fixieren zuerst einen Punkt, der als winzige Silhouette am Grat gegen den Himmel steht. Die Figur bewegt sich über eine Firnschneide, steigt über eine Felsstufe am Grat. Dann wird ein zweiter Punkt sichtbar, auch er bewegt sich den Schnee aufwärts bis zu dem anderen am Grat. Jetzt geht der erste eine größere Stufe an und ist im Nu oben, der zweite folgt. Nur fünf Minuten dauert der Spuk oder die

Sichtung, dann verhüllen die Wolken den Gipfelgrat wieder und Odell sieht nichts mehr.

Mallory und Irvine können sich vorerst nicht versteigen. Felsbänder und der Grat geben ihnen die einzig mögliche Richtung vor. Also weiter!

Trotz der späten Stunde treibt Mallory Irvine an. Wenn ein Gipfel so nahe ist, wächst die Besessenheit weiter. Eiskristalle wirbeln durch die Luft, und die Nebel brodeln über dem Kharta-Tal. Das Sonnenlicht blendet, wenn die Wolken über ihnen auseinander reißen. Sie tragen jetzt Gletscherbrillen, eine Art Schweißerbrille, mit dunklen runden Gläsern, in Leder gefasst. Ihre Kleider haben sie in Schichten übereinander an.

Plötzlich sehen sie, in den ziehenden Nebelschwaden ins Groteske vergrößert, eine enorme Felsstufe über sich. In doppeltem Schwung verstellt sie den Weiterweg. Direkt gibt es da kein Hinauf – viel zu hoch, viel zu glatt, viel zu ausgesetzt. Ein Fehltritt, und sie wären tot. Auch ein Seil hilft da nicht. Wo sollten sie es verankern? Mallory späht um die Kante nach links: undenkbar. Und er weiß vom bodenlosen Abgrund dahinter. Rechts vorbei schaut der Fels kletterbar aus, schwierig und langwierig, aber möglich. Also vielleicht dort? Ob die Zeit noch reicht? Die Sauerstoffvorräte? Nein, es ist viel zu spät für den Gipfel, und technisches Gerät haben sie nicht dabei, um sich gegenseitig zu sichern. Außer den Eisäxten haben sie keine »Hardware«.

Es war klar, wir mussten zurück. Zurück, sagte ich mir, immer wieder zurück. Wir retten uns nur mit dem Abstieg. Aber wie sollte ich so schnell mit dem Scheitern fertig werden? Und Irvine, der mir seine Nähe schenkte, der Mount Everest, dem ich drei Jahre meines Lebens gewidmet habe, was war mit ihnen? Wie sollte ich sie allein lassen mit meinem Scheitern? Trotzdem: zurück. Zurück, hörte ich mich selbst sagen, wir gehen zurück. Der Second Step war unmöglich für uns, und für alle Umwege war es zu spät. Ich wusste es, hörte es, spürte es.

Da ist noch die Verschneidung rechts hinter den ersten Felsstufen, sie schaut machbar aus, aber wie sollen sie sich im steilen Fels gegenseitig sichern? Ganz oben sperrt ein senkrechter Felsriegel den Weg. Nein, sie brauchen es gar nicht erst zu versuchen, sie können nur noch zurück. Auch die Sauerstoffflaschen sind bald leer. Jeder hat nur zwei Flaschen mitgenommen.

Natürlich, wenn mir Irvine seinen Rest an Gas überlassen hätte, zurückgegangen wäre und ich es allein hätte versuchen können, aber solche Ideen kamen mir nicht. In so großer Höhe kommt man zum Glück nicht auf so dumme Gedanken, geschweige denn zum Entschluss, es wirklich zu tun. Mit Sauerstoffmangel mögen allerlei Ungereimtheiten in Verbindung gebracht werden, nicht aber der Versuch, das Unmögliche zu wagen oder den Partner zu betrügen.
Ich weiß, man hat später behauptet, ich hätte Irvine zurückgeschickt, um allen Ruhm alleine zu haben. Aber so reden nur Leute, die nicht wissen, wie ungeteiltes Ausgesetztsein die menschliche Seele frisst.

Auf dem Kamm des Nordostgrates sind zwei Höcker, zwei Stellen, die Schwierigkeiten aufweisen. Die erste ist leicht zu umgehen, die zweite Stufe ist steil und auf der Nordseite übersteigbar. Darüber steht die Gipfelpyramide, die leicht ist. Ist es also die zweite Stufe, wo Odell die Bergsteiger zuletzt gesehen haben will? Dann sollte von Schwierigkeiten dort allerdings nicht die Rede sein. Denn der vorangehende Punkt – vermutlich Mallory – überwand dieses Gratstück laut Odell in nur fünf Minuten. Richtig, die Stelle ließe sich durch einen Quergang rechts aufwärts umgehen, aber dafür braucht man Zeit. An der ersten Stufe kann er sie auch nicht gesehen haben, weil man dort ebenfalls länger braucht und sie nicht überklettert werden muss. Also waren die beiden irgendwo dazwischen, als Odell sie sah.
Nun stehen sie also unter der zweiten Stufe. Hoffnungslos, der Absatz bleibt sogar für Mallory ein unüberwindbares Hindernis. Mallory ist seinem Ziel zwar zum Greifen nahe, aber er kann es mit Irvine nicht auf einen Fehltritt ankommen lassen, muss also umkehren.
Auch Irvine, der alles daran setzen wollte, den höchsten Punkt zu erreichen, fügt sich Mallorys Entschluss. Er ist nicht nur das, was man in alpinen Kreisen einen Anfänger nennt, er ist Mallorys Schüler, sein Fan; er bleibt zweiter.

Wie schnell ich das Ziel verdrängte? Mit der Zeit, mehr noch mit den abnehmenden Kräften schwand mein Ehrgeiz. Plötzlich hörte ich die Steine schreien, den Abgrund gähnen, und dazu dieses Licht, das aus den Nebeln brach, alles war plötzlich so fern, so leblos.

Nein, wir haben es beim Second Step nicht mit einer gewöhnlichen Umkehr zu tun. Odell meint, die beiden hätten am Gipfel zu lange mit dem Abstieg gezögert, sie wären in der Nacht erfroren. Nein, auf den Gipfel gelangen sie nicht, die Tragödie beginnt mit dem Scheitern am Second Step.

Ob einer ausgerutscht ist? Sicher, ein Fehltritt reicht, und zwei Leute, die durch das Seil verbunden sind, stürzen, einer reißt den anderen mit. Stellen wir uns den Rückzug vor! Da und dort liegt Schnee. Die Sicht ist schlecht. Auf den geneigten Platten kann leicht einer ausrutschen. Mallory nimmt seine Verantwortlichkeit als Führender sehr ernst. Deswegen ist er ja entschlossen umzukehren, obwohl der Gipfel so verlockend nahe winkt. Odell macht sich Vorwürfe.

Warum haben die beiden das Zelt des Lagers VI nie erreicht? War es nicht zu finden in der Nacht? Wenn Mallory führte, muss er gestürzt sein, denn ein gesicherter Irvine hätte ihn nicht mitreißen können.

Ich, Mallory, ein Bergsteiger, den an Geschicklichkeit, Erfahrung und Sicherheit keiner übertraf, soll einen Fehltritt gemacht haben! Ich soll ausgeglitten sein! Oder glaubt jemand, ich hätte das Seil nicht einwandfrei bedienen können? Und ob ich einen Sturz Irvines hätte aufhalten können! Noch hatten wir ja genügend Sicht und Licht und ein bisschen Hoffnung. Die Richtung haben wir erst später verloren, und zwar immer wieder. Wir hatten schon Angst, eine Nacht schutzlos im Freien verbringen zu müssen. Am Ende aber haben wir die Anstiegslinie immer wieder gefunden, sie ist klar vorgezeichnet, selbst in Sturm und Nebel war sie nie endgültig verloren. Ein Glück, so hoch oben am Berg einem Bändersystem folgen zu können.

Mallory führt, kommt vom Nebel in den Schneesturm, ist am First Step schon vorbei. Es wird dunkler. Sind es nur die Nebel, die alles verdüstern, oder schon die

Nacht? Sind sie noch zu zweit? An die Magnesiumfackel denken sie nicht. Im Lager VI vergessen? Sie könnten sowieso nichts mit ihr anfangen, brauchen beide Hände. Und Morseblitze? SOS? Alles verabredet, aber Mallory und Irvine wollen nur das Lager erreichen. Der Sauerstoff ist ausgegangen, wo?, wann?, sie haben die schwere Apparatur weggeworfen und kommen trotz Sauerstoffmangels weiter. Die Lethargie zwingt sie, bei jedem Schritt anzuhalten, sie haben Probleme, die schweren, genagelten Schuhe sicher aufzusetzen. Droht bald der Absturz?

Dieses Geheimnis bleibt ein Geheimnis, und ich werde den Teufel tun, es aufzuklären. Schneeblind war ich nicht. Schneeblind wird man nicht so rasch wie benommen von der Höhe, mitgerissen vom Partner oder überrascht von der Nacht.

Es ist offensichtlich ein Stammtischsport geworden, den Untergang Mallorys ergründen zu wollen.

Ich aber ging zeugenlos bergab, alles bleibt also Vermutung. Ein tragisches Ende war mein Verschwinden nur für andere, nicht für mich. Ich habe das Geheimnis bei mir, und zwar für immer.
Es war schwer, auf den Beinen zu bleiben, wach zu bleiben. Auch ich taumelte öfter. Immer schwerer wurde ich mir selbst und so zerbrechlich mit meinem rasenden Herzen. Ja, ich habe dieses Leben geliebt, den Everest gewollt und den Tod inzwischen akzeptiert.
Über mir sah ich die Sterne, sie halten mich, dachte ich im Fallen, mit dem Kopf voraus, aber das Seil war zu lang. Meine Augen suchten Halt, mein Hirn Sinn, aber die Welt stand auf dem Kopf und wurde immer schwärzer.
Ganz plötzlich wurde das Seil leicht, rettete mich. Wie es mir die Brust zuschnürte! War das Seil gerissen? Fiel ich deshalb nicht bis ganz nach unten? Ich bin keine drei Meter gefallen, sonst wäre ich an den Felsen zerschellt. Ich träumte eine Sekunde, eben noch im Schlaf, stolperte weiter, mit einem letzten Rest an Bewusstsein, ohne Angst, ohne Zeit für Gefühle, für Trauer, nur eine große Leere fiel mit mir, eine Leere, zu der ich nicht mehr gehörte.

Vom Nordsattel aus kann man den Gipfel des Everest sehen und mit Feldstechern jede Einzelheit dort oben erkennen: einen Gipfelsteinmann zum Beispiel oder eine Flagge. Hat nicht Irvine eine Fahne am Gipfel hissen wollen? In der Nacht aber sieht man nichts als die Umrisse des Berges.

9.6. 1924

Die Nacht bleibt klar und mondhell, wenn auch der Mond spät aufgeht. Mallory kennt die Gefahr, die eine Nacht im Freien mit sich bringt. Was aber kann er dagegen tun? Das Einschlafen in dieser Höhe und bei dieser Kälte ist wie der Tod. Was soll er noch mit einer Laterne oder Magnesiumfackel? Auch wenn sie im Zelt zurückgeblieben sind, er braucht sie so und so nicht.

Meine Uhr ist natürlich bald danach stehen geblieben, denn im Sterben habe ich nicht daran gedacht, sie ein letztes Mal aufzuziehen. Wofür auch! Seit 75 Jahren steht sie auf zehn Minuten nach vier, und auch wenn man sie wieder zum Laufen bringen wird, gibt sie nie mehr meine Zeit an, geschweige denn den Augenblick meines Todes.

Ist es ein Fehler, auf Rettung zu verzichten? Eine letzte Nachricht an die Nation, mit der Bitte, für seine Witwe zu sorgen, hat schon Robert Falcon Scott hinterlassen, als er nach dem Südpol sein Leiden und Sterben nicht weiter hat aufschreiben können.

Immer noch hatte ich dieses Seil um den Bauch und dachte nicht an den anderen, der tot sein musste. Also weiter, bis es ganz aus ist!
Ein Stein fiel in die Tiefe. Starr vor Schrecken lauschte ich ihm nach. Das Seil in der Hand, das uns hinabriss, das mir die Erkennbarkeit nahm, schaute ich ihm nach, schwarz starrte ich in den Tod. Das Krachen und Fallen und sein Widerhallen dauerten Ewigkeiten. Wo war er denn, den ich nicht mehr hörte, nicht fühlte, langsam vergaß? Keine Gestalt, kein Gesicht, kein Atmen mehr neben mir!
Das Seil war gerissen und Irvine nicht mehr zu retten. Sandy war viel zu jung für das schreckliche Unglück, aber die Everest-Monate waren so oder so zu Ende. So viel Leben in so wenig Zeit! Wenn ich ihn nur sehen könnte oder das Seil, an dem er hing. Fiel er noch immer? Keine Fackel half und in der Dunkelheit auch kein Können. Nur noch der Frost und die Blutleere im Kopf. Wie weit schleppte ich mich noch abwärts?

Die überlebenden Expeditionsmitglieder von 1924

Ich kroch immer noch, aber dann sah ich etwas kommen, schwärzer als die Nacht, schneller als mein Absturz. Lag ich noch auf dem Felsband? Gesicht nach unten, mit ausgebreiteten Armen, nur die Finger erfroren? Von unten kam es oder von oben, das Ende der Dunkelheit.
Keine Furcht, es ist lächerlich, sich zu fürchten, dachte ich, denn jetzt endlich wusste ich alles über meine Nichtigkeit.

> Warum bleibt Odell nicht oben, um die Suche fortzusetzen? Er ist besser akklimatisiert als alle anderen und sehr gut in Form. Warum ist seine Hoffnung, die beiden noch lebend anzutreffen, so schnell erloschen?
> Nachdenklich beginnt Odell den Abstieg. Er ist allein, auch mit seiner Trauer. Nur der Wind rüttelt ihn immer wieder aus den trüben Gedanken. Die geröllübersäten Platten fordern seine ganze Vorsicht. Auf dem flacheren Grat beschleunigt er seine Schritte. Von Zeit zu Zeit kauert er sich hinter einen Felsen, um sich zu vergewissern, dass Hände und Füße noch nicht erfroren sind.
> Auf dem Nordsattel findet er einen Brief von Norton vor, der ihn trösten soll und bestätigt, dass er richtig gehan-

delt hat. Mallory und Irvine sind tot, der Monsun kann jeden Augenblick ausbrechen.

Während Howard Somervell sein Scheitern später lakonisch erklärt: *Es lag nicht am Wetter, dass wir den Gipfel nicht erreicht haben. Es lag einfach daran, dass wir zwei normale Sterbliche waren – wir konnten es nicht besser machen,* glaubt R. L. G. Irving, dass Mallory alles riskiert hat: *Ich kann mir gut vorstellen, wie Mallory selbst in dieser dünnen Luft, die das Feuer der Tatkraft fast ganz zum Erlöschen bringt, die Herausforderung der zweiten Stufe annahm. Hatten je einen anderen so viele innere Stimmen dazu gedrängt, einer solchen Herausforderung zu folgen? Die letzte Hoffnung auf Vollbringung der Tat, um derentwillen man fast über das halbe Erdenrund gekommen war. War nur diese eine Stufe überwunden, lag dann nicht der Weg zum Gipfel offen? Es gibt kaum Stellen, die einen Menschen mehr dazu treiben können, seine ganze Kletterkunst bis zum Äußersten einzusetzen, als ein schwieriges Stück auf einem Berg, der als leicht gilt. Mallory beherrschte Körper und Gleichgewicht derart, dass er sich auf Platten, auf denen der geringste Fehltritt sicheren Sturz bedeutete, so bewegte, als stünde er auf ebenem Boden. Wenn er sich nahe am Rande des nicht mehr mit Sicherheit Möglichen befand, wurde er sich dessen anscheinend gar nie bewusst.*

Unfug, der Tod kam beim Rückzug. Irvine hätte zwar nicht sterben dürfen, er starb zu jung, aber auch sein Tod war nicht aufzuhalten. Ein Zeuge hätte im Übrigen meine zweite Karriere ruiniert, nur als Gefährte bleibt Irvine heute geduldet.

Seit damals jagen wir beide als Geister um den Mount Everest – immer präsent, wie zu hören und zu lesen ist. Dass sie meine Leiche erst 1999 fotografierten, hat mit der Enge der Zeit zu tun und mit der Wichtigtuerei der Everest-Touristen, die lieber auf den Steigen bleiben.

So blieb ich schlussendlich als Mythos übrig, allen Recherchen entflohen, schicksalslos, nur mehr Geist, ewig ein Rätsel. Nicht mit dem Höhen- oder dem Taschenmesser, auch nicht mit den Liebesbriefen meiner Frau oder den Gewebeproben, die sie mir entnommen haben, ist etwas anzufangen, sondern nur mit jenem Mythos, der weiter wächst – mit der Erkenntnis, dass wir zuletzt alle und immer scheitern. Das ist es wohl, warum sie mich nicht sterben lassen, all die Lebenden, die mich noch brauchen.

Der Tschorten von Rongbuk mit dem Mount Everest

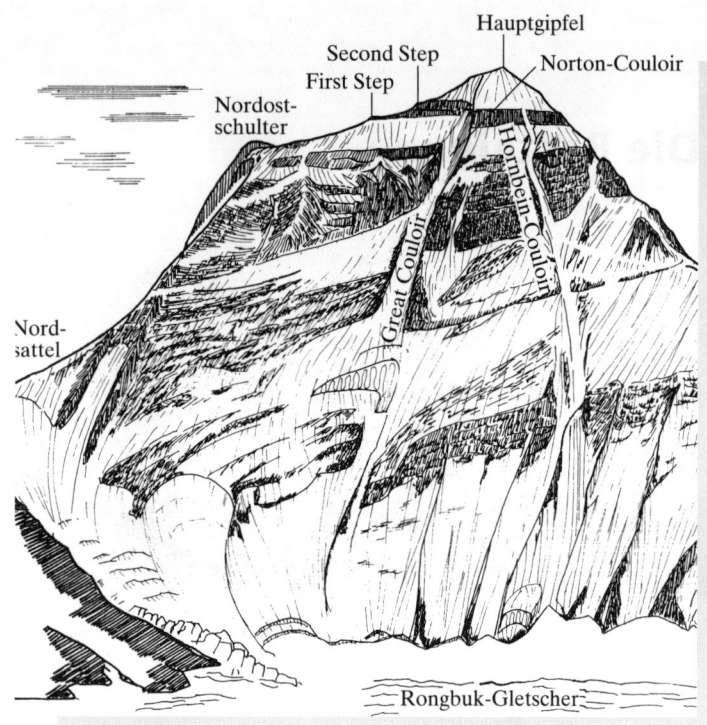

Die Nordwestwand des Mount Everest. Inzwischen zieht ein halbes Dutzend Routen (mit Varianten) zwischen Nordgrat und Westgrat zum Gipfel

Die Besteigung

Kletterer über dem Second Step

Der Mount Everest, von Westen gesehen

50 Jahre lang hat Mallory Ruhe, und plötzlich soll er sich wieder an Lärm und Hektik gewöhnen. Seit ihn Wang Kow Po gesehen hat, kommen immer mehr Menschen den Nordgrat herauf. Seit 1980 ist der Mount Everest ausgebucht, zuerst nur von Süden, dann auch von Norden.

Hat es vorher nur einen einzigen Anhaltspunkt zu Mallorys und Irvines Verschwinden gegeben – den Eispickel, den Wyn Harris 1933 20 Meter unter dem Nordostgrat und etwa 230 Meter östlich vom First Step gefunden hat –, vermutet man die Verschollenen jetzt zwar in der Mulde unterm Gipfelgrat, sucht sie aber nicht oder zur falschen Jahreszeit wie Tom Hoelzel 1986.

Wie kann mich einer im Nachmonsun finden wollen? Ich weiß, dieser Amerikaner Tom Hoelzel hat es versucht. Im September und Oktober aber liegt am Mount Everest viel zu viel Schnee.

> In der Nachmonsunsaison liegt an der Nordflanke des Berges meist so viel Monsunschnee, dass man nicht einmal ein altes Lager finden könnte, geschweige denn einen Fotoapparat oder eine Leiche.

Diesem Berg, der ganzen Gebirgslandschaft, ja dem Himalaja war mein Schicksal 75 Jahre lang egal. Auch die Heerscharen, die 1975 aus China und 1980 aus Japan kamen, suchten nicht weiter nach mir. Und dann kam sowieso die Zeit der Rekorde: die erste Überschreitung, der direkteste Weg zum Gipfel, die erste Skiabfahrt. Man stelle sich dazu den Second Step als Sprungschanze vor! Die hätte für den Weitflug-Weltrekord gereicht, aber einer seriösen Abfahrt steht dieser Second Step im Weg. Für alle Zeiten unbefahrbar, meine Route! Man stelle sich folgende Aktion vor: Abfahrt vom Gipfel, Abstoß an der Kante des Second Step, also in etwa 8600 Meter Höhe, dann durch die Luft diagonal über den Nordhang bis zum Firngrat mit Landung auf 7800 Meter und Abfahrt bis zum Nordsattel. Viel Glück!

Einem Drachenflieger mit Ski ist das theoretisch zuzumuten, und die Paraglider spielen sowieso schon ihr Spiel in den Lüften am Dach der Welt. Warum also nicht auch Skifahrer? Trotzdem, ein seriöser Alpinist kann über meine Route nicht abgefahren sein, von ein paar Firnstrecken abgesehen ist viel zu viel Fels dort. So wenig wie ich hinaufklettern konnte, kann man dort abfahren. Trotzdem, man wird vom Mount Everest abfahren, auf Ski oder auf einem Snowboard, und zwar durch das Hornbein-Couloir, jene Rinne, die vom zentralen Rongbuk-Gletscher zum Gipfel zieht, ziemlich gerade und auch von oben nicht zu verfehlen.

Es gibt keinen Zweifel, die Suche nach dem richtigen Weg ist zu Ende gegangen, spätestens mit der Ausrüstung, die kein Hindernis mehr kennt, und den Direttissimas zum Gipfel. 30 Jahre lang, ein Dutzend Mal ist man hinaufgestiegen ins Dunkel über dem Erforschten, ein Dutzend Mal hoffnungslos stecken geblieben. Wer kann sich heute noch vorstellen, was Wegsuche bedeutet, nie zu wissen, wie es weitergeht und wie man zurückkommen soll? Darin wenigstens haben wir den modernen Heroen etwas voraus. Dann kam Hillary. 45 Jahre später liegen überall Sauerstoffflaschen, die Wege sind markiert. Trotzdem, das Grauen der letzten 75 Jahre bleibt.

Im Gegensatz zur heutigen Absicherungshysterie in der »Wildnis« trieb uns die Neugierde. Wir opferten Komfort für den Trip – die Reiseveranstalter heute die Sicherheit für den Profit. Solche Erlebnisreisen, die alles bieten, was einen Spießerurlaub ausmacht – Schutz in der Gruppe, Führung, Komfort –, sind zwar Pseudoabenteuer, aber trotzdem gefährlich!
Der Unterschied zwischen einem Grenzgang und den Vergewisserungsritualen verunsicherter Touristen liegt ganz einfach darin, dass Grenzgänge nur für sich selbst veranstaltet werden, der organisierte Ausstieg aus der Zivilisation dagegen inzwischen selbst zivilisiert wurde.
Selbst die Akteure der Moderne wirken betäubt, ihre Ansprüche schweben immer höher hinauf. Trotz ihrer Wolken im Hirn stellen sie Anspruch auf Anerkennung für ihren Wahnsinn.
1996 hingen ein paar Inder am Gipfelgrat, nicht unweit vom Second Step. Während Japaner an den Sterbenden vorbei aufwärts stiegen, bettelte einer um Hilfe. Vergeblich – die Japaner wollten zum Gipfel, sie hatten es eilig. Kein Zweifel, es wird immer schneller gestiegen und gestorben in einer Zeit, die keine Hilfe zu leisten vermag und keine Zeit zu verlieren hat.
Ich habe 75 Jahre dazu gebraucht, die Menschennatur zu verstehen. Heute wird schneller vergessen als begriffen, denn der Wahlspruch einer ganzen Generation lautet nicht, wie bei mir,

das eine ganz, sondern möglichst alles und gleich und dann gleich das Nächste.

> Die meisten Bergsteiger sterben am Everest auch heute noch beim Abstieg, wie 1999 Pascal Debrouwer, ein 29 Jahre alter Belgier, der als Reiseveranstalter arbeitete, oder Tadeusz Kudelski, ein 44-jähriger Lehrer aus Polen. Auch der Ukrainer Vasili Kopytko stirbt 1999 beim Abstieg an den schneearmen Nordhängen.
> 22 Teams versuchen im Frühling 1999 den Everest von Norden aus zu besteigen. Dazu kommen 14 Gruppen, die es von Süden wagen, eine von Osten.

All diese Erfolge und Tode aber werden bald vergessen sein. Ich nicht. Die schwindende Vereisung kommt also nicht nur dem Massenansturm zum Dach der Welt zugute, sondern auch mir. Wie hätten sie mich sonst finden sollen! Ist es also mehr als Glück, mein Schicksal? Zwei Tode zu sterben und ein drittes Mal als Rätsel lebendig zu werden ist nicht jedem beschieden. Wenn es heute mein Stern ist, der über dem Mount Everest leuchtet, so hat das nur mit mir zu tun.

1.5.
1999
Eric Simonson aus Ashford/Washington und sein Team wollen 1999 ursprünglich die Kamera finden, Howard Somervells Kodak-Klappkamera, die er Mallory für den Gang zum Gipfel geliehen hat. Sie finden sie nicht. Aber schon am ersten Tag ihrer konkreten Suche, am 1. Mai 1999, findet der Amerikaner Conrad Anker, ein exzellenter Kletterer, Mallorys Leiche. In einer Mulde unter dem Nordostgrat, in etwa 8230 Meter Höhe, auf einem 30 Grad geneigten Band, nicht allzu weit vom berühmten Lager VI von 1924 entfernt, genau dort, wo sie immer vermutet worden ist, liegt jener »Marmormann«, der Mallory hieß. Bedeutet das, dass es am 8. Juni 1924 beide beinahe zurück ins Lager geschafft haben? Wenigstens ist es wahrscheinlich. Sicher ist nur, dass der Körper relativ unversehrt geblieben ist, auf dem Bauch liegt, am Boden angefroren.

Wenn den ehrlichen Findern an meinem Leben auch nicht viel gelegen haben kann, können sie doch jetzt an meinem Tod eine Menge Geld verdienen. Das brauchen sie auch. Eine Suchexpedition kostet schließlich mehr als der Mount Everest aus dem Reisekatalog. Und der Fund ist auch mehr wert: Denken wir nur an die Aufklärung, an ein paar Reliquien und die vielen Fotos im Netz. Nur beim toten Antlitz machte ich nicht mit. Man stelle sich vor: geronnene Augen und glasiges Fett. Passt nicht zu mir. Habe ich mir nicht ein Denkmal in Marmor verdient? Hart, weiß, vom Frost naturgetreu gemeißelt? Fotografiert es und lasst mich in Frieden. »Tashi Delek!«

Was immer geweissagt worden ist – zwischen dem Orakel in Rongbuk, der Krone, Mao und den vielen romantischen Träumern der Zeitenwende –, gewendet hat sich mit dem Fund nichts, und die Zeit macht in der Todeszone sowieso alle lächerlich neben mir. Wer will schon hier bleiben? Also bleibt alles beim Alten, genauso wie ich es vorausgesagt habe: Ideator und Akteur zugleich zu sein war meine Kunst, ein Einzelner zu bleiben mein Glück.

Es gibt keinen Grund, meint Simonson, mich weiter zu stören. Aber werden sie mich in Ruhe lassen, die Devotionalienhändler und Neugierigen, die zu spät Gekommenen und Kopisten, die jetzt genau wissen, wo ich liege? Wo hat's schon eine »schönere Leich'«?

> Eines von Mallorys Beinen scheint gebrochen zu sein, aber sonst ist der Körper erstaunlich unversehrt. Heißt das, dass sich Mallory bis zum Erschöpfungstod durch den Schneesturm gekämpft hat, hinkend, kriechend, vielleicht durch Nacht, über Klippen und Schneefelder, wie ein weidwundes Tier? Ein Sturz hätte den Körper ganz anders zugerichtet! Und die Schneebrille, eine Schweißerbrille, wie sie in historischen Bergfilmen noch zu sehen ist, soll in einer seiner Taschen gesteckt haben. Ein Beweis also, dass der Unfall in der Nacht passiert ist, bei Nebel oder White-out?
>
> Mallory kam 1924 von hoch oben herab, das ist sicher. Von wie hoch oben, von wo genau – das ist die Frage. Vom Gipfel kam er nicht. Wenn wir alle Informationen – von der Sichtung am Gipfelgrat durch Odell am 8. Juni 1924 bis zu den Fotos der Amerikaner von der Mallory-Leiche am 1. Mai 1999 – zusammenfügen, ist das Puzzle zwar nicht komplett, aber das Szenario des Todes doch erkennbar. Die endgültige Antwort ist also nicht in der Kamera zu finden, auch nicht bei Irvine, der weiter-

Die Nordflanke des Mount Everest, vom Nordsattel gesehen

hin verschollen bleibt, oder bei ein paar bekritzelten Zetteln – wer schreibt da oben schon Tagebuch?
Das Problem ist, dass die einzig brauchbare Antwort niemand hören will. Weil sie eine falsche Antwort ist? Nein, sie ist eine Enttäuschung. Wie immer, wenn es uns selbst betrifft und unsere Träume, wollen wir belogen werden.

Also lasst euch belügen, reimt aus einem Wust von Wunschdenken, Heldentum und Volksverführung jene Geschichte, die ihr glauben wollt.

Nicht zu vergessen: Alle Informationen zu Mallorys Tod – aus dem Netz und aus der Überlieferung – wurden und werden von Leuten gemacht, und sie können stimmen oder falsch sein, jedenfalls sind sie ohne Kontrolle.

Aber meine genagelten Schuhe sind eine Tatsache, die waren von einem Schuster gemacht und so mit Eisen beschlagen, dass man sogar auf hartgefrorenem Schnee nicht ausrutschte. Nur am senkrechten Fels taugten sie nicht, leider, das war dann das Ende.

13.5. 1999

Inzwischen hat die Expedition von Simonson einen Bergsteiger aus der Ukraine gerettet und einen Rasttag eingelegt. Die Wiederaufnahme der Suche und ein Gipfelversuch haben begonnen. Ein starkes Team der Suchexpedition ist auf dem Weg zum Lager V.

15.5. 1999

Orkanartige Winde jagen über den Mount Everest. Das Team verbringt eine weitere Nacht im Lager V. Das Wetter wird langsam besser.

17.5. 1999

Gipfeltag.
Um Mitternacht stehen die Gipfelstürmer auf. Kurz nach 2 Uhr morgens beginnen sie mit dem Aufstieg. Neuschnee liegt auf den Bändern, eine Schneefahne weht vom Gipfel, es ist ziemlich kalt. Um 9 Uhr wird das Wetter besser. Dave Hahn und Conrad Anker sind am First Step vorbei. Das Wetter bessert sich weiter, es scheint sogar die Sonne. An der Stelle, wo die Chinesen 1975 ihr Lager VII aufgebaut haben, am Beginn der Traverse zum Second Step, rasten Hahn und Anker. Direkt über den Grat geht es auch für sie nicht. Unbesteigbar, die Felskante! *Nicht nur unwahrscheinlich, dass Mallory diese Stufe »frei« erklettert hat,* denkt Anker, *unmöglich.*
Die Bergsteiger folgen also der traditionellen Route an der Nordseite des Grates: Der Second Step wird rechts über gestuften Fels und eine Rampe umgangen. Ihr Weg liegt jetzt im Schatten. Trotz der Kälte will Anker versuchen, die Schlüsselstelle frei zu klettern, also ohne die Leitern und Fixseile als Aufstiegshilfe zu benutzen, die alle anderen vor ihm verwendet haben.
Hahn und Anker queren weiter zum Second Step, arbeiten sich ein paar Felsstufen hoch, und Conrad Anker gelingt es letztendlich, den Second Step »frei« zu klettern. Ein offener Riss links der Leiter, die 1975 Tibeter fixiert haben, erlaubt ihm das Höherkommen. Schwierigkeit: 5.8, und das in 8600 Meter Höhe, nahezu unmöglich.

Der Riss links der Chinesen-Leiter ist nicht leicht zu erklettern, auch nicht, wenn er mit Schnee gefüllt ist, und darüber hängt wie ein Keil ein auskragender Felsblock, der den Weg nach oben versperrt. Also wagt Anker einen Spreizschritt nach rechts zu den Fixseilen, und weiter geht es in einer Rechtsschleife bis auf die flache Felsabdachung über der ausgesetzten Passage. Respekt! Conrad Anker aber, einer der besten Allround-Bergsteiger der Welt, ist durch einen großen Friend im Riss gesichert, ein modernes Gerät, das sich selbst verkeilt; oben bindet er sich an vorhandene Fixpunkte, weil es keine natürlichen Sicherungsmöglichkeiten gibt.

Wie hätte ich ohne die Technologie von heute und ohne Absicherung da hinaufkommen sollen? Mit Beten kommt man vielleicht in den Himmel, nicht aber über den Second Step!

> Conrad Anker hat den Rucksack mit seinem Sauerstoffgerät unter der Schlüsselstelle zurückgelassen, um sicherzugehen, die Passage zu schaffen. Dave Hahn, der über die Leiter nachsteigt, schafft Ankers Rucksack hinauf. Der Weg vom Second Step zum Gipfel ist leicht, aber sehr anstrengend. Der Rest des Teams steigt inzwischen zum Lager VI ab.
>
> An einem abgesicherten Weg wären auch Mallory und Irvine bis zum Gipfel des Everest gelangt, und sie hätten den Abstieg auch im Schneesturm gefunden. Sie wären heil zurückgekommen, der Mount Everest wäre bestiegen gewesen, ein für alle Mal, mehr nicht.

Und was hätten wir »Gipfelsieger« am Ende davon gehabt? Ein Fest im Basislager und einen Adelstitel daheim in England. Nein, das war mir nicht genug. Ich wollte nie nur das Nachsehen. Ich wollte das Allerhöchste, das Unerreichbare, Ewigkeit.

Und heute, 75 Jahre nach meinem Abtritt? Nur mit dem Mount Everest muss ich den Ruf teilen, der Größte zu sein.

> Der lange Weg, die brüchigen Felsen und das schlechte Wetter setzen Anker und Hahn schwer zu. Aber sie schaffen es bis zum Gipfel genauso wie 117 andere Bergsteiger und Bergsteigerinnen in der gleichen Saison, in der Vormonsunzeit 1999. 48 sind es von Norden, 66 von Süden, drei von Osten. 47 von ihnen stehen nicht zum ersten Mal auf dem Gipfel der Welt.

Heute, da überall Fixseile hängen, die wir nicht hatten, können sie nicht mehr begreifen, wie es zu unseren Zeiten war. Wie, frage ich, hätten wir in unserer Enttäuschung und im Nebel den Weg zurück finden sollen und nicht stolpern und stürzen und schließlich sterben? Nur der Erfolg hätte uns gerettet! All die 878 »Gipfelsieger« bisher sollten sich überlegen, wie weit sie gekommen wären ohne alles, ehe sie mit Vorwürfen kommen oder mit Geringschätzung.

> Inzwischen herrscht oben am Gipfelgrat wieder starker Schneefall, ähnlich wie am 8. Juni 1924. Die Situation ist kritisch. Vier Stunden brauchen Dave Hahn und Conrad Anker vom Second Step bis zum Gipfel. Es herrschen White-out-Bedingungen, und sie haben mit dem Abstieg einen langen Weg vor sich. Sie müssen es zurück schaffen, um einzugehen in die Geschichte als diejenigen, die sechs Meter am Mount Everest in kletterbares Gelände verwandelt haben. Denn nur wer etwas nie da Gewesenes vollbringt und unten ankommt, zählt. Außer man heißt G. L. Mallory.

Sie werden es schaffen, also werde ich sie nicht mehr sehen. Leider. Es ist nicht leicht gewesen, so lange allein zu sein, und ich kann nicht verschweigen, dass die Kälte im Winter fürchterlich ist. Die erfrorene Sonne ist mir trotz allem lieber als glasige Augen, die mich anglotzen, oder gutgläubige Historiker, die Internetseiten füllen. Die Ungewissheit ist der einzige Wert, der am Mount Everest Bestand hat.

> Dieser Second Step! Diese lausigen drei Meter Fels! So lächerlich banal ist das Unmögliche. Unnütz und unmöglich ergeben eine tragische Summe. Nicht dass Mallory kapitulierte und zurückmusste, ist das Entscheidende. Weil sein Wahn starb und mit ihm die Hoffnung, ist er am Berg geblieben. Gipfel oder Tod waren seine Alternativen.
> Wie sollte Mallory nach dem Scheitern im Abstieg den Tod täuschen? Wie dem Wahnsinn entgehen? Die Sauerstoffflaschen waren leer, und ein tumbes Hirn unterscheidet nicht zwischen Gipfel und Tod. Er hatte seine Möglichkeiten erschöpft und den Weg zurück angetreten, der sich in Nebel und Nacht verlor. Aufgelöst war am Ende alles. Ausweglos auch sein Schicksal.

Meine letzten Worte waren Gestammel, wie meine ersten beim Anblick des Berges 1921. Mein Hinauf war getragen vom Bewusstsein des Wollens und Könnens und Müssens. Damit begann also der moderne Alpinismus: Wer den Gipfel erreichen will, muss selbst dieser Gipfel sein! Ich bin also der Mount Everest! Und mein Schicksal ist es, zu bleiben, wo ich bin, und der Menschheit zu demonstrieren, wo sie geblieben ist, ohne der Gipfel zu werden. Ich bitte also nochmals, die »Geister des Everest« nicht weiter zu stören und höhere Ansprüche an sich selbst zu stellen. Ich bitte darum. Es ist so rasch so viel verspielt, wenn zu viele es sich zu leicht machen!

17.5. 1999   Anker und Hahn steigen ab. Liegen da nicht ein paar alte Sauerstoffbehälter? Ob es die Sauerstoffzylinder von Mallory und Irvine sind, ob sie ganz leer sind?

Auch die leichteste aller Rätselfragen wird die Antwort auf mein Scheitern nur ergänzen, denn wir waren auf dem Rückzug, der Gipfel unerreichbar und Sturm, Nebel und Schneefall unser Problem. Natürlich kamen auch Müdigkeit und Enttäuschung dazu. Leere Sauerstoffzylinder oder kaputte Atemgeräte taugen zu nichts. Also lässt man sie liegen. Den Second Step hätten wir mit und ohne sie nicht klettern können: zu steil, zu glatt die letzten Meter, zu exponiert das Gelände.

Um 5 Uhr nachmittags steigen zwei Bergsteiger den beiden Gipfelmännern entgegen, als Helfer. Viel später kommen alle ins Lager VI auf 8300 Meter.

18.5. 1999   Anderntags steigen die Bergsteiger der Mallory/Irvine-Suchexpedition ins vorgeschobene Basislager ab, und die Expeditionsleitung gibt wichtige archäologische Entdeckungen bekannt: Die ganze Welt soll glauben, dass Mallory und Irvine den Gipfel erreicht haben. Über das Netz wird verbreitet, was dem Rest der Welt nicht vorenthalten werden soll: die eigene Hoffnung.

Also kein Abschied mehr. Wie damals, 1924, kein endgültiger Abschied von meiner Frau Ruth und unseren drei Kindern, kein Abschied von dieser heimeligen und geordneten Welt. So dahinleben ist langweilig – für ein Ziel gelebt zu haben eine aufregende Sache. Könnte ein langes Leben also noch hässlicher sein als dieser unendliche Tod in der senkrechten Wüste der Einsamkeit?

Wenn es Position und Steifheit meines Körpers zuließen, könnte ich genauere Informationen ins Basislager schicken oder entsprechende Signale um die Welt jagen, Nachrichten, die morgen auf einer Milliarde Fernsehschirmen zu sehen, in Millionen Zeitungen zu lesen und aus ungezählten Radioapparaten zu hören wären. Wenigstens ein Frühstück lang gehörte ich zum Tischgespräch all jener, zu denen ich nie gehört habe.

> Mallorys Story beginnt sich mit dem Fund seiner Leiche zu verwischen. Auch mit seinem zweiten Tod ist er nicht wirklich tot, er war nur verschwunden, lebt mit jedem von uns anders weiter.

Nein, es war von mir nicht so geplant. Aber jetzt ist es Realität. Ich besetzte das Thema, das Rätsel vom höchsten Gipfel der Welt bin ich. Indem ich oben verschollen war, bleibe ich lebendig – über alle meine Tode hinaus. Der Finderlohn bin ich mir selbst.

Der auf der Westseite des großen Couloirs gelegene Punkt, den Edward Felix Norton am 4. Juni 1924 betreten hat, stellt die größte Höhe dar, die bis dahin von Bergsteigern erreicht wurde – noch dazu ohne Sauerstoffgerät.

Müll am Südsattel

Mallory –
weil er immer noch da ist

Durch Theodolit-Messung wurden dafür später 8572 Meter ermittelt. Es war ein »Weltrekord« und eine wahrhaft großartige Leistung. Erst 1953 wurde diese Höhe überboten, und da nur mit Hilfe von Sauerstoff.

Günter Oskar Dyhrenfurth

Wenn sich Menschen finden, die den Everest Jahr für Jahr bezwingen, werden wir am Ende auf ihn verzichten können.

George Leigh Mallory

Fast möchte ich eine Moral in dieser Geschichte erblicken. Wenn es den geduldigen und zähen Bemühungen einiger weniger Männer mit vereinten Kräften und mit der Unterstützung von vielen anderen schließlich gelang, ein Ideal wie die Besteigung des Everest zu verwirklichen – wäre es nicht ebenso möglich, auch andere Probleme zu lösen, die zwar nicht so erhaben sind, aber noch dringlicher in den Wirren unserer Zeit?

John Hunt

Um den Mythos Mallory zu verstehen, ist zu bedenken, dass Propheten die Geschichte nachhaltiger beeinflussen als Eroberer oder Rekordhalter. Und Mallory war ein Prophet. Irvine nicht, er war zu jung, zu unerfahren dafür.

Mallory wusste, dass der Weg wichtiger ist als das Ziel, denn der Weg enthält über das Erreichte hinaus das Mögliche, das Gedachte, das Gewollte. Das Ziel hat ein Ende, der Weg nicht, und deshalb kann er auch vom Ende her nicht beurteilt werden. Er geht weiter. Wären Mallory und Irvine bis zum Gipfel gekommen, ihre Besteigung wäre heute Historie, banal.

Nein, nicht belanglos, nur keine unvergessene Geschichte. Mallory starb mit der Erfüllung seiner Aufgabe und wurde damit zum Helden, obwohl er mit 38 Jahren zu alt dafür war. Es mag andere Gründe geben, warum er zum Mythos wurde, seine Begeisterung für den Berg, seine Sprüche, das spurlose Verschwinden und sein wiederholtes Wiederauftauchen in unseren Köpfen gehören dazu. Vor allem aber ist es dies: Da ist einer Idee und Tat zugleich, bis zuletzt, die Personifikation des klassischen Heldentums.

Seit 75 Jahren mehren alle Nachsteiger am Everest seinen Ruhm, obwohl er als Vorsteiger nicht bis zur Spitze gestiegen ist. Mallory war unterwegs, als er aus dem Leben fiel, er verschwand für alle Außenstehenden, auch für uns zu spät Gekommene, im Augenblick der Erfüllung. Sein Scheitern wurde zuletzt zum Sieg über das Vergessenwerden.

Erst 1995 erreichte erstmals ein Mallory den Everest-Gipfel. Im Rahmen einer Serie von erfolgreichen Gipfelbesteigungen über den Nordgrat und den von Japanern mit Fixseilen abgesicherten Gipfelgrat schafft es der Australier George Mallory jun., ein Enkel des 1924 verunglückten G. L. Mallory, den höchsten Punkt jenes Berges zu erreichen, der dreimal das Ziel seines Großvaters war. Und wieder geistert nur der Name des Everest-Pioniers durch die Medien, wie in den Jahren danach jener Irvines in Gestalt des »Stallkollegen« von Michael Schumacher bei Ferrari – wobei die Rollen eindeutig verteilt bleiben: hier der Star, dort der Gefährte, Schumacher der Sieger, Irvine bis zum Unfall seines Teamkollegen und bald danach wieder der Zweite. Wie Opa Mallory der Held bleibt, wird Rennfahrer Irvine Schumachers Adlatus bleiben, solange sie im gleichen Rennstall siegen. Für immer?

Ja, für immer und ewig!

Wer soll an dieser Gesetzmäßigkeit nicht irre werden? Die echoartigen Repliken der Geistesahnen wiederholen sich nicht nur über Generationen und quälen die Nachfahren bis zum Überdruss. Sie lähmen den Gang der Welt. Aber Regeln sind Regeln, gegen die Natur des Menschen ist nichts zu machen. Der Anfang ist zum Ende geworden.

Der Mount Everest war ein halbes Jahrhundert lang die große Herausforderung des modernen Menschen. Der Berg musste erforscht und erobert werden als Beweis für Fortschritt und Überlegenheit im Namen der modernen Zivilisation. Dabei zählten zuerst und vor allem Kreativität, Ausdauer und Zielstrebigkeit des Einzelnen. Eigenschaften, die G. L. Mallory in seiner Person vereinte, dazu Genie, eine Eigenschaft, die all jenen fehlt, die den höchsten Berg der Welt nur als Prestige-Ziel in ihrer Vita als Bergsteiger oder als siebten Gipfel der Seven Summits aufgezählt haben wollen.

»Everest für jedermann« lautet seit Toni Hiebeler der Slogan, und der Berg, hergerichtet und konsumierbar, hat sich verändert, weil sich die Ansprüche der Akteure geändert haben. Nur die Zeiten von Mallory ändern sich nicht. Die sind vorbei. Nach den Versuchen der Briten kam 1953 der große Erfolg und mit ihm der Respekt für die Pioniere sowie der Dank an die Sherpas, ohne die der Berg noch heute nahezu unzugänglich wäre. Lord John Hunt hat dies von Anfang an erkannt und anerkannt: *Wenn ich auf die erste Everest-Besteigung im Jahre 1953 zurückblicke, sehe ich mit immer größerer Klarheit, welch bedeutendes Ereignis sie in der Geschichte menschlichen Schaffens war und bleiben wird. Es war ein Erfolg nicht nur für zwei Bergsteiger, auch nicht bloß für unsere Expedition und nicht einmal für die vereinten Kräfte sämtlicher elf Expeditionen in 32 Jahren zähen Ringens. Ermöglicht wurde dieser Erfolg auch durch die Sherpas, welche diesen Expeditionen dienten – treue, harte und fröhliche*

*kleine Männer, welche die Lasten in große Höhen trugen
und dabei ihre bergsteigerische Technik derart verbesser-
ten, dass einem von ihnen ein Platz in der Bergsteiger-
mannschaft wohl zustand. Nachdem Tensing als Seilge-
fährte von Lambert 1952 bis fast 300 Meter unterhalb
der Spitze gelangt war, erreichte er mit Hillary 1953 den
Gipfel, ein Symbol für den Anteil der Sherpas an dem jahr-
zehntelangen Kampf.*

In den Jahren danach wurde der Mount Everest ein na-
tionales Prestige-Ziel für die Schweiz, Amerika, Indien,
Japan, Italien, Österreich, Deutschland, Frankreich, Ju-
goslawien, Spanien, Korea, Südafrika … Dazwischen gelangen die vielen Erstbegehungen an der Südwestwand,
an der Ost- und Nordflanke, über die langen und expo-
nierten Grate. 22 verschiedene Routen führen heute
zum Gipfel, dazu ein paar Varianten. Wiederholt werden
meist nur zwei, der Hillary-Weg von Süden und die
Mallory-Route von Norden. So selten sich Expeditionen
an schwierigen Wegen versuchen, so wenig geht es
heute um den Stil. Kein Wunder, dass die Masse der Gip-
felbesteiger zunimmt.

Zwischen 1953 und 1969 standen 21 Menschen am Gipfel des Mount Everest, zwischen 1970 und 1979 mehr
als 80, zwischen 1980 und 1989 fast 200, im Jahrzehnt
danach nahezu 1000. An einem einzigen Tag, am 5. Mai
1993, standen 50 Bergsteiger aus vielen verschiedenen
Expeditionen am Gipfel. Die Devise heißt also möglichst
viel und auf die billigste Art und Weise, wobei nie von
Werten wie Gefahr und Einsamkeit gesprochen wird. Auf
den Gipfel befördert werden inzwischen nahezu alle,
die dafür bezahlen können.

Von den 86 Frauen und Männern, die den höchsten Berg
der Erde im Mai 1996 bestiegen, kamen elf nicht mehr
zurück – darunter die erfahrenen Bergführer Rob Hall
und Scott Fischer sowie einige ihrer Klienten, die für
diese »Reise ins Nirwana« 65 000 Dollar bezahlt und
weltweit Aufmerksamkeit »geerntet« hatten. Der Nie-
dergang des Höhenbergsteigens aber garantiert weiterhin steigende Umsätze sowie Jahr für Jahr Auswüchse
und Unfälle mit immer groteskeren Folgen.

Der postmodernen Konsumgesellschaft kann es nicht
mehr um die Eroberung des Unerreichten gehen, nach-

dem alles erreicht ist, auch nicht um das menschliche Maß an Ausdauer, Kraft und Leidensfähigkeit – es geht ihr nur noch um Schlagzeilen oder den Eintrag ins Guinness-Buch der Rekorde mit ihrem fragwürdigen Schneller, Mehr, Weiter, Höher.

So wie die frühen Expeditionen militärischen Operationen mit militärischer Organisation und Führung glichen – General Bruce, Major Norton, Brigadier Hunt – ähneln heutige Everest-Reisen sportlichen Events: mit Inszenierung, TV-Übertragung und eigener Website im Netz. Nicht mehr die Nationalflagge, die Logos der Sponsoren werden am Gipfel fotografiert.

Seit der Mount Everest zum ersten Mal bestiegen worden ist, am 29. Mai 1953, ist er nicht mehr derselbe, und die Jahre davor sind plötzlich interessanter als die Jahre danach, auch wenn der eine heute auf dem Kopf, ein anderer morgen mit seinem Hund am Gipfel steht. Wen interessiert die tausendste Sightseeing-Story vom Dach der Welt, wenn der Mount Everest präpariert, begangen und abgehakt wird wie andere Destinationen während der langen Ferien? Das letzte Rätsel, das dem Berg geblieben ist, ist die Geschichte seiner Erstbesteigung. So wenig es schriftliche Beweise dafür gibt, dass Mallory und/oder Irvine den Gipfel 1924 erreicht haben, so schwer ist nachweisbar, dass sie ihn nicht erreicht haben.

Das letzte Geheimnis hat der Berg also nicht preisgegeben. Oder doch? Der Eispickel, den Wyn Harris 1933 auf braunen Felsplatten unterhalb und östlich des First Step gefunden hat, ein »Willisch Täsch«, ist doch ein Indiz. Er ist seit dem Leichenfund 1999 aufschlussreicher denn je und als Beweisstück im Alpine Club in London konserviert. Das Verwirrspiel der Chinesen um ihre Expedition von 1960 weist darauf hin, dass der Second Step damals unberührt war, und die Beobachtungen des chinesischen Bergsteigers Wang Kow Po von 1974, der dem Japaner Hasegawa fünf Jahre später von seinem Fund erzählte, bevor ihn eine Lawine unter dem Nordsattel tötete, passt ebenfalls und genau ins Puzzle der Indizienkette. Sie führt bis in eine Höhe von 8600 Meter – und wieder zurück.

Der Second Step, damals mit Nagelschuhen nicht kletterbar und heute noch die Schlüsselstelle am Nordost-

Reinhold Messner neben Captain Noel und Professor Odell, 1982

grat des Mount Everest, ungleich schwieriger als der Hillary-Step am Südostgrat, war 1924 selbst für Mallory unmöglich. Und damit sind wir bei der Antwort auf das Rätsel. Mallory und Irvine können den Gipfel nicht erreicht haben! Das ist so sicher wie die Tatsache, dass der Mount Everest der höchste Berg der Welt ist.

Was ist also falsch an den vielen früheren Vermutungen? Im Februar 1982 bin ich in London mit Captain Noel und Professor Odell zusammengetroffen. Wir diskutierten dabei über das Verschwinden von Mallory und Irvine am Nordostgrat des Mount Everest. Odell, trotz seines hohen Alters rüstig, bestätigte auch mir gegenüber, am 8. Juni 1924 Mallory und Irvine am Nordostgrat des Mount Everest gesehen zu haben. Zum letzten Mal hatte er kurz durch ein Nebelloch schauen können. Die beiden waren gerade damit beschäftigt gewesen, eine der Stufen am lang gezogenen Nordostgrat zu erklettern. Welchen der vielen Höcker, konnte Odell mir nicht sagen. Die Aktion aber soll rasch erfolgt sein, in etwa fünf Minuten, und damit ist klar: Der Second Step kann es nicht gewesen sein. Das passt. Er war 1924 ohne Leitern und in Nagelschuhen nicht nur unmöglich, man braucht heute noch 30 bis 60 Minuten dafür. Ob sie am First Step waren, spielt zwar eine untergeordnete Rolle, heute aber weiß ich, dass sie auch dort nicht gewesen sein können. Sie waren irgendwo dazwischen und hätten dann leicht bis unter den Second Step kommen können. Und dann?

Odell, 1982 91 Jahre alt, konnte sich an viele Einzelheiten erinnern und vermutete wie viele Historiker, dass Mallory und Irvine erst beim Abstieg vom Gipfel verunglückt sind. Da lag er aber falsch. Er wusste nicht, was wir heute wissen: Den Second Step hätte dort, wo er heute geklettert wird, 1924 niemand klettern können. Auch ist er mit der Ausrüstung von 1924 nicht umgehbar, weder an der vereisten oder verschneiten Ostwand noch über das Norton-Couloir. Ich weiß zudem, dass 1924 wegen Zeitmangels und anderer Schwierigkeiten ein Gipfelgang ohne Biwak undenkbar war. Und ein Biwak im Aufstieg oder knapp nach dem Gipfel hätte die Bergsteiger allzu sehr geschwächt, sie wären also höher oben gestorben und nicht dort, wo Mallory 1999 gefunden wurde. Also ist bewiesen, dass die beiden spätestens am Second Step kehrtmachten, beide, denn einer allein wäre schon gar nicht bis dorthin gegangen.

Die Fakten sind eines. Liz Hawleys Archiv in Katmandu lässt tausendundein Schaubild zu. Die Erstbesteigung durch Hillary und Tensing steht außer jeglichem Zweifel, und Sir Hillary lebt noch. Er hat Recht, wenn er meint, der Erste zu sein, der nach dem Gipfel unten angekommen ist, wäre ihm mehr wert, als nur der Erste ganz oben gewesen zu sein.

Trotzdem, über allem schwebt der Geist Mallorys, ein Mythos, der zu wachsen scheint, je länger dieser Bergsteiger physisch tot ist. Sein Aufstieg und sein Scheitern sind nicht zu messen mit den paar Gerätschaften, die er selbst in seinen Taschen trug, auch nicht mit den vielen Nachrufen und Spekulationen, die in den 75 Jahren seit seinem Verschwinden veröffentlicht wurden. Nur die genaue Kenntnis der alpinen Geschichte gibt Aufschluss über seine Umkehr, und das Gelände vor, am und nach dem Second Step lässt keinen Zweifel zu. Auch das, was nicht zu sehen ist, im Geist versteckt bleibt, der aus

Mallorys Berichten, Tagebüchern und Briefen spricht, ist mehr aufschlussreich.

Nein, ich habe bei meiner Spurensuche nichts erfunden, auch aus Respekt vor Mallory hätte ich das nicht getan. Ich bemühte mich um Distanz. Mein Puzzle stimmt mit der natürlichen und geschichtlichen Welt überein. Bis zum Sturz. Was dann genau geschah, wer stürzte, ob einer den anderen mitriss, ob Mallory, verletzt, noch allein versuchte, Lager VI zu erreichen, bleibt im Dunkeln. Alles ist denkbar, es wird nie aufgeklärt werden. Auch wenn Somervells Kamera, die Mallory mitgenommen hatte, um die Besteigung zu dokumentieren, gefunden werden sollte, würden wir nicht viel mehr wissen. Auch Irvines Apparat würde dazu keinerlei Aufschlüsse enthalten.

Eine Frage bleibt: Warum haben die Briten den Bericht über ihre dritte gescheiterte Everest-Expedition mit »Die Besteigung« überschrieben? Und warum verbreiten vor allem Engländer bis heute die Mär, Mallory könnte es trotz allem geschafft haben? Alles nur, um den Mount Everest wenigstens im Nachhinein zu besetzen, nachdem sie an Süd- und Nordpol zu spät gekommen sind? Die ersten Menschen auf dem Gipfel des Mount Everest kamen nun einmal aus Neuseeland und Indien bzw. Nepal, nicht aus England.

Ironie der Geschichte: Heute ist es vor allen anderen der Engländer Mallory mit seinem Scheitern, der dem Berg jenen Mythos verleiht, den wir alle respektieren, ein Flair, das weder mit Funk- noch mit Telefonapparaten einzufangen, nicht mittels Teleobjektiven und Satellitenbildern sichtbar zu machen, auch nicht mit TV-Schaltungen zu übertragen ist. Es blieb vom letzten Gang Mallorys kein Tagebuch, kein Foto, nichts. Und trotzdem ist und bleibt vor allem er es, der dem Mount Everest Leben und Geschichte gibt.

> Es macht mich wütend, was sie da mit meinem Großvater aufführen.

George Mallory jun.

> Worte können nicht ausdrücken, wie angewidert ich bin.

Chris Bonington

Hillary war der Erste

2003

> Ganz gleichgültig, wann und wie der Mount Everest bestiegen werden wird, für alle, die einen Berg nur dann für erobert gelten lassen, wenn er wirklich erstiegen ist, wird Mallorys Name unzertrennlich mit dem gewaltigen Ringen um den höchsten Punkt der Erde verbunden bleiben.

R.L.G. Irving

Unbekannter toter Bergsteiger im Himalaja

> Wir werden tausend Schwierigkeiten überwinden.
Und zehntausend Gefahren
Wir werden die weißen Wolken durchstoßen
Himmelwärts
Wir werden in das grenzenlose Universum vordringen
Auf schwindelndem Grat
Wir schwören, den Everest-Gipfel zu besteigen
Und fest ist unser Wille.

Liedtext chinesischer Bergsteiger

Sir Edmund Hillary und Reinhold Messner

Im Jahre 2003 wird es ein großes Fest geben – vielleicht in Katmandu, vielleicht in Christchurch, vielleicht in London. Die Erstbesteigung des Mount Everest wird zu feiern sein. Was immer Bergsteiger und Archäologen in nächster Zeit von Mallory und Irvine noch finden sollten, an den historischen Eckdaten ist nicht mehr zu rütteln: Hillary war der Erste.

Mallory und Irvine sind verschollen, ohne vorher den Gipfel erreicht zu haben, schrieb ich schon 1980 nach meinem Everest-Alleingang von Norden. Und weiter: *Ich weiß, dass sie an der »zweiten Stufe« gescheitert sind. In der tiefen Mulde über mir liegen Mallory und Irvine im Monsumschnee begraben. Diese Ahnung füllt mich aus wie ein altes Märchen: Enttäuscht und erschöpft kehren sie unter dem Second Step um. Im schwindenden Tageslicht wachsen die Schwierigkeiten. Die beiden zwingen sich, den mühseligen Abstieg fortzusetzen. Sie werden immer langsamer. Nur Energie aus dem Erfolg könnte sie retten.*

Dieses Szenario verstand ich als Bergsteiger schon damals, weitere Fragen stellten sich später, und heute beschäftigt eine davon Millionen von Menschen: Was war geschehen? *Wie die beiden gestorben sind, kann erst beantwortet werden, wenn jemand Mallorys Körper findet,* steht auf Seite 237 in meinem Buch »Der gläserne Horizont« zu lesen, und der Fund von 1999 scheint nicht nur viele meiner damaligen Aussagen zu bestätigen, er gibt Antwort auf alle offenen Fragen. Es scheint sogar, als wäre Jochen Hemmleb, der Historiker der Mallory/Irvine-Suchexpedition, meinen Ahnungen gefolgt, denn in der Mulde, die ich 1980 als etwaigen Fundort angab, fand Conrad Anker die Leiche Mallorys. Damit ist die Everest-Geschichte für mich klar: Hillary und Tensing sind die Erstbesteiger.

Ich will mich hier nicht in die Polemik einmischen, die nach dem weltweiten Verkauf der Bilder des toten Mallory zu lesen war. Es ist verständlich, dass der inzwischen 80-jährige Hillary angewidert ist von der Art und Weise, wie die Leiche des Heroen vermarktet wird. Am 25. Mai 1999 erklärte aber der Expeditionsleiter Simonson in Katmandu, dass die Einnahmen aus dem Verkauf der Bilder einem karitativen Zweck im Himalaja zugeführt werden sollen.

Nun, weder Simonson noch ich sind die Ersten, die das Szenario des Scheiterns der Seilschaft Mallory/Irvine relativ genau zu beschreiben versuchen, schon R. L. G. Irving war 1949 ins Detail gegangen: *»Dass sie vor Kälte und Ermüdung umgekommen sein könnten, ist höchst unwahrscheinlich, denn gleichzeitig wären*

Reinhold Messner allein auf dem Weg zum Mount Everest

kaum beide der Erschöpfung zum Opfer gefallen, und die einzige
Hoffnung auf Rettung für den Zusammengebrochenen hätte darin
bestanden, dass sein Gefährte hinabeilt, um Hilfe zu holen. Viel
mehr Wahrscheinlichkeiten sprechen für einen Sturz. Mallory
wusste von Norton, dass man auf der unteren Route, im Couloir
angelangt, auf große Schwierigkeiten stieß. Das dürfte in ihm die
Vorliebe bekräftigt haben, die er schon immer für den Gratweg ge-
habt hatte. Was geschah, ist ein Geheimnis, das, wenn sie über die
Nordwand auf den westlichen Rongbukgletscher gefallen sind,
vielleicht einmal gelüftet werden wird. Wenn sie erfroren sind,
kann das nicht eher festgestellt werden, als der Nordostgrat er-
klettert wird, und es ist sehr leicht möglich, dass das nicht bei der
ersten und auch nicht bei der zweiten Ersteigung des Everest-Gip-
fels der Fall sein wird.«
Es hat viel länger gedauert, bis einer der beiden, Mallory, gefunden werden konnte. Aus der Fundstelle lässt sich folgern,
dass eine Reihe von Todesszenarien auszuschließen sind. Etwa
die Vorstellung Irvings: *»Entweder stürzte Mallory, als er beim*

Versuch, diese zweite Stufe zu erklettern, das Äußerste wagte, oder Irvine glitt auf den Platten unter der Stufe aus. Ein unerfahrener Bergsteiger ist entweder zu zaghaft oder zu selbstvertrauend und kann es darum nicht beurteilen, ob er sicher steht oder nicht. Ein Mann wie Sandy Irvine wird nun in seinem Bestreben, alles zu tun, um den Fortschritt des Ersten zu beschleunigen und ja keine Verzögerung zu verursachen, zu viel riskieren.«

Nein, so kann es nicht gewesen sein. Denn unter dem Second Step wären sie nach einem Sturz nicht liegen geblieben. Wäre das Seil gerissen und Mallory allein zurückgegangen, hätte er sich vom unnützen Ende befreit, das er aber bei seinem Auffinden noch immer um den Bauch geknotet trug.

Wären Mallory und Irvine – oder auch nur einer der beiden – über das Norton-Couloir bis zum Gipfel gekommen, wären sie nie mehr bis zum Fundort der Mallory-Leiche zurückgekommen. Sie wären höher oben durch Sauerstoffmangel umgekommen, eher im Auf- als im Abstieg, erfroren oder abgestürzt.

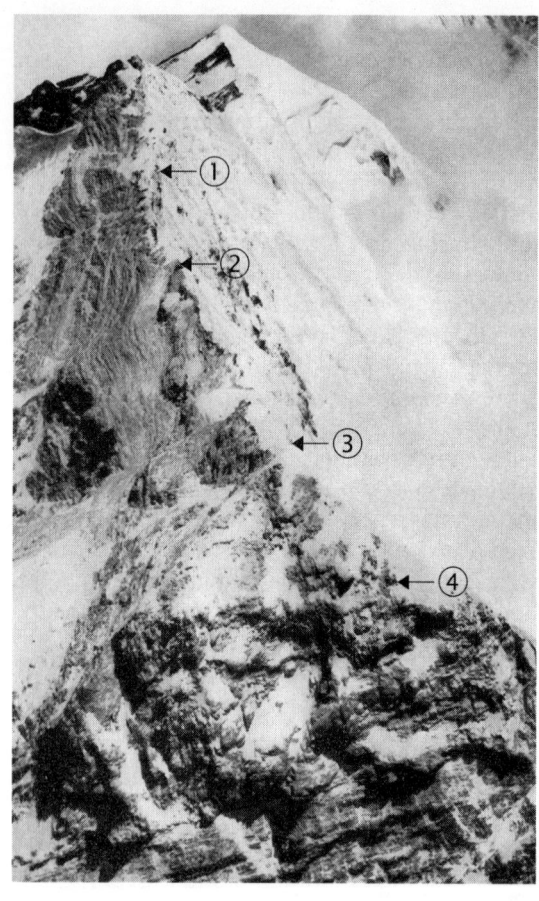

Der Everest-Gipfel in
der Draufsicht (links)
und in der Ansicht
von Norden (unten)

① First Step

② Second Step

③ Ausstieg des
Norton-Couloirs

④ Hauptgipfel

⑤ Südgipfel
(verdeckt)

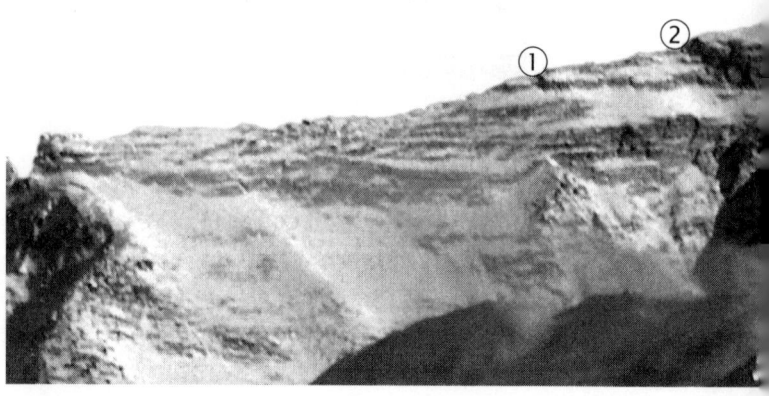

Damit ist die Sache klar.

Erstens: Den Second Step können sie nicht überklettert haben. Er war 1924 nicht kletterbar.

Zweitens: Dieser Second Step ist in unmittelbarer Nähe nur über eine Verschneidung an der Nordseite möglich; auch diese Umgehung ist allerdings extrem schwierig – 1924 unmöglich.

Drittens: Der Aufstieg über das Norton-Couloir war zu schwierig und viel zu lang. Bei schlechter Sicht wäre dieser Weg zudem nicht zu finden gewesen.

Also können Mallory und Irvine nur nach der Umkehr am Second Step verunglückt sein. Der Fundort der Leiche lässt ausschließlich diesen Schluss zu, vorausgesetzt, sie sind so hoch gekommen, was wiederum sehr wahrscheinlich ist.

Sosehr wir uns alle wünschen, dass Mallory den Gipfel des Mount Everest 1924 erreicht hat, das Gelände in Gipfelnähe, die Ausrüstung von damals, der Fundort seiner Leiche – alles spricht dagegen. Mallory musste scheitern, und nur weil er auf dem Weg zum höchsten aller Ziele ohne Zeugen verschwand, ist er unser aller Wunschsieger geworden: der Mount Everest als Metapher für das Unmögliche und Mallory das personifizierte Streben danach.

Blick vom Everest-Gipfel durch das Nebelreißen nach Norden

75 Jahre später ist alles anders. Bergsteigen in Eigenverantwortung und in größtmöglicher Ausgesetztheit ist aus der Mode gekommen. Ich will hier nicht richten, aber wiederholen, was ich seit 25 Jahren sage: Das große Bergsteigen wird untergehen, wenn es zur Show verkommt. R. L. G. Irving, der Lehrmeister Mallorys, hat dies schon vor 50 Jahren erkannt, ähnlich wie Eugen Guido Lammer und Paul Preuß vor einem Jahrhundert.

»Wir sollten nach Tunlichkeit Leute dazu ermuntern, auf eigene Gefahr im Himalaja oder in anderen Gebirgen bergzusteigen, aber rüsten wir nicht den Kampfring für sie, wie wir es jetzt zu tun begonnen haben. Unsere berühmten Fußball- und Kricketspieler sind zu Schauspielern geworden, die das Publikum unterhalten, eine Tatsache, mit der wir uns abfinden müssen. Das Bergsteigen aber ist für eine Entwicklung in dieser Richtung ganz und gar ungeeignet. Das ist immer meine persönliche Empfindung gewesen, und das Gefühl des Verlustes, den Mallorys Tod für mich persönlich bedeutete, hat diese Überzeugung noch verstärkt.

>> Heute wissen alle, was der Mount Everest kostet: Anreise, Animation im Basislager, Sherpas, Führung beim Aufstieg, Hochlagerkoch und Verpflegung, alles inklusive. Auch die vollen Titanflaschen mit Sauerstoff am Gipfelgrat sowie Leitern bzw. Fixseile – ob am Hillary-Step oder am Second Step – haben ihren Preis. Alle nennen für den Gipfel der Welt also einen Preis, und niemand kennt seinen Wert.

Mallory wollte das Unmögliche, das Unerreichte, das ewig Unerreichbare.
Hätte er es erreicht, er wäre am Erfolg zerbrochen. Gescheitert ist er so nicht. Scheitern können nur die anderen, unseresgleichen, die Fanatiker, Preistreiber, Bankrotteure und Hochstapler! <<

George Leigh Mallory

Reinhold Messner

Literaturverzeichnis

In diesem Buch greift Reinhold Messner nicht nur Originalberichte Mallorys und seiner Kameraden auf, er zitiert aus 150 Jahren Everest-Literatur und bringt viele bisher unbekannte Informationen in die Erzählung ein. Alle sinngemäß wiedergegebenen Zitate und Dokumente sind den nachstehenden Schriften entnommen und kursiv gedruckt.

BAUER, WALTER: Mount Everest. Bericht von Mallory und seinen Freunden. Bertelsmann, Gütersloh 1952

BRONNEN, ARNOLT: Ostpolzug. In: Arnolt Bronnen, Werke in 5 Bänden (Hg. Friedbert Aspetsberger). Ritter, Klagenfurt 1989

BRUCE, CHARLES G. et al.: Mount Everest. Der Angriff 1922. Benno Schwabe, Basel 1924

CARR, HERBERT: The Irvine Diaries. Andrew Irvine and the Enigma of Everest 1924. Gastrus-West Col Publications, o. O., 1979

DYHRENFURTH, GÜNTER OSKAR: Der dritte Pol. Die Achttausender und ihre Trabanten. Nymphenburger Verlagshandlung, München 1960

FINCH, GEORGE INGLE: Der Kampf um den Everest. F. A. Brockhaus, Leipzig 1925

FLAIG, WALTHER: Im Kampf um Tschomo-lungma, den Gipfel der Erde. Franckh'sche Verlagshandlung, Stuttgart 1923 (15)

HILLARY, EDMUND: Ich stand auf dem Everest. Meine Erstbesteigung mit Scherpa Tensing. F. A. Brockhaus, Wiesbaden 1974 (5)

HOWARD-BURY, C. K. et al.: Mount Everest. Die Erkundungsfahrt 1921. Benno Schwabe, Basel 1922

IRVING, R. L. G.: Werden und Wandlungen des Bergsteigens. Verlag Adolf Holzhausens Nachf., Wien 1949

MESSNER, REINHOLD: Nie zurück. BLV, München 1997 (2)

MESSNER, REINHOLD: Everest. Expedition zum Endpunkt. BLV, München 1998 (2)

N. N.: Erneute Besteigung des höchsten Gipfels der Welt – des Qomolangma. Verlag für fremdsprachige Literatur, Peking 1975

NORTON, EDWARD FELIX et al.: Bis zur Spitze des Mount Everest. Die Besteigung 1924. Benno Schwabe, Basel 1926

UNSWORTH, WALT: Everest. Allen Lane/Penguin Books, London 1981

YOUNGHUSBAND, FRANCIS: Der Himalaja ruft. Union Deutsche Verlagsgesellschaft, Berlin, o. J.

ZHOU ZHENG/LIU ZHENKAI: Footprints on the Peaks: Mountaineering in China, o. O. u. J.

Darüber hinaus wurden folgende Informationsquellen verwendet:

AUFMUTH, ULRICH: Die Lust am Risiko. In: Berg '85, Alpenvereinsjahrbuch Band 109, München 1984, S. 87–102

BELL, S.: Gear Special – Commercial Expeditions. In: Mountain 132/1990, S. 43–44

BOARDMAN, P.: Sacred Summits. Hodder & Stoughton, London 1982

BONINGTON, CHRIS: Everest – The Hard Way. Hodder & Stoughton, London 1976

BRAHAM, T.: The Himalaya – Winds of a Change. In: Alpine Journal 78/1973, S. 57–61

BURGESS, A./PALMER, J.: Everest – The Ultimate Challenge. Hodder & Stoughton, London 1983

CHAN-CHUN, S.: The Conquest of Mount Everest by the Chinese Mountaineering Team. In: Himalayan Journal 23/1961, S. 151–168

COLLISTER, R.: Small Expeditions in the Himalaya. In: Alpine Journal 84/1979, S. 166–172

COLLISTER, R.: Leightweight Expeditions. The Crowood Press, Ramsbury 1989

CULLEN, R.: Expeditions, Efficiency, Ethics and the Environment. In: Leisure Studies 6/1987, S. 41–53

DEEGAN, P.: Rescue on Everest. In: High 165/1996, S. 86–88

DENMAN, E.: Alone to Everest. Collins, London 1954

DYHRENFURTH, N. G./UNSOELD, WILLI F.: Mount Everest, 1963. In: Himalayan Journal 25/1964, S. 3–31

EGGLER, A.: The Swiss Expedition to Everest and Lhotse. In: Himalayan Journal 20/1957, S. 3–10

FAARLUND, N.: Bergsteigen – warum? In: Berg '75, Alpenvereinsjahrbuch Band 100, München 1974, S. 141–147

FAUX, R.: Everest NE Ridge – The Seligmann Harris Expedition. In: Alpine Journal 92/1987, S. 92–97

FINCH, GEORGE INGLE: The Second Attempt on Everest. In: Alpine Journal 34/1921/1922, S. 439–452

FRESHFIELD, DOUGLAS W.: The Conquest of Mount Everest. In: Alpine Journal 36/1924, S. 1–11

GRAY, D.: The Himalayan Ethic – Time for Rethink. In: Alpine Journal 76/1971, S. 156–161

HIMALAYAN CLUB: The Problem of Mount Everest. In: Himalayan Journal 9/1937, S. 111–120 (mit einem Kommentar Eric Shiptons, S. 120–126)

HOELZEL, TOM: The Chinese 1960 Ascent of Mount Everest. In: Mountain 101/1985, S. 39–43

HOUSTON, C.: Towards Everest, 1950. In: Himalayan Journal 17/1952, S. 10–18

HOWARD-BURY, C. K.: The 1921 Mount Everest Expedition. In: Alpine Journal 34/1921/1922, S. 195–214

HUNT, J.: The Ascent of Everest. Hodder & Stoughton, London 1953

KOHLI, M. S.: Nine atop Everest. In: Himalayan Journal 26/1965, S. 3–19

LESTER, J. T.: Personality and Everest. In: Alpine Journal 74/1969, S. 101–107

MALLORY, GEORGE LEIGH: Mount Everest: The Reconnaissance. In: Alpine Journal 34/1921/1922, S. 215–227

MALLORY, GEORGE LEIGH: The Second Mount Everest Expedition. In: Alpine Journal 34/1921/1922, S. 425–439

MESSNER, REINHOLD: Überlebt. Alle 14 Achttausender, mit Chronik. BLV, München 1999 (7)

MURRAY, W. H.: The Reconnaissance of Mount Everest, 1951. In: Himalayan Journal 17/1952, S. 19–41

NORTON, EDWARD FELIX: The Mount Everest Dispatches. In: Alpine Journal 36/1924, S. 196–241

NOYCE, WILFRIED: South Col: One Man's Adventure on the Ascent of Everest, 1953. Heinemann, London 1954

OELZ, OSWALD: Tendenzen des Bergsteigens im Himalaja. In: Die Alpen/Les Alpes 64/1988, S. 31–40

PUGH, L. GRIFFITH: Scientific Problems on Mount Everest. In: Himalayan Journal 23/1954, S. 46–58

ROBERTS, D.: I'll Climb Mount Everest Alone – The Story of Maurice Wilson. Robert Hale, London 1957

RUTTLEDGE, HUGH: The Mount Everest Expedition of 1933. In: Himalayan Journal 6/1933, S. 31–46

RUTTLEDGE, HUGH: Everest 1933. Hodder & Stoughton, London 1934

RUTTLEDGE, HUGH: The Mount Everest Expedition of 1936. In: Himalayan Journal 9/1937, S. 3–15

SAYRE, W. W.: Four Against Everest. Arthur Barker, London 1964

SCOTT, DOUG: Northeast Ridge of Everest, 1987 Expedition. In: Himalayan Journal 45/1987/1988, S. 117–123

SHIPTON, ERIC: Everest, 1933 – Extracts from the Everest Diary. In: Alpine Journal 46/1934, S. 111–118

SHIPTON, ERIC: The Mount Everest Reconnaissance, 1935. In: Himalayan Journal 8/1936, S. 1–13

SINGH, G.: Indians on Mount Everest. In: Himalayan Journal 22/1959/1960, S. 3–12

SMYTHE, FRANK S.: Camp Six. An Account of the 1933 Mount Everest Expedition. Hodder & Stoughton, London, o. J.

SMYTHE, FRANK S.: Spirit of the Hills. Hodder & Stoughton, London 1935

STYLES, S.: On Top of the World. Hamish Hamilton, London 1967

TASKER, JOE: Small Expeditions. In: Alpine Journal 82/1977, S. 21–28

TASKER, JOE: Everest the Cruel Way. Methuen, London 1981

TILMAN, H. WILLIAM: Mount Everest, 1938. In: Himalayan Journal 11/1939, S. 1–14

TILMAN, H. WILLIAM: Mount Everest 1938. Cambridge University Press, Cambridge 1948

TINKER, J.: Climbing the North Ridge of Everest. In: Alpine Journal 100/1995, S. 25–36

WILLIAMS, M.: Everest Diary. In: Summit Spring/1991, S. 8–11

Bildnachweis

Edmund Hillary/Royal Geographical Society: S. 68

Alle übrigen Abbildungen sowie die Umschlagfotos sind dem Archiv und der Bibliothek Reinhold Messners entnommen. Autor und Verlag danken für zur Verfügung gestellte Texte und Bilder, insbesondere Sergio Martini und Liz Hawley.

Karten S. 22, 48, 60, 72, 82, 186: Jörg Mair (S. 60, 82 und 186 nach Vorlagen von Johannes Kielkowski, aus: »Mount Everest. Himalaja-Handbuch Band 1«, mit freundlicher Genehmigung von Aree Greul/Internationale Alpine und Polar Literatur)

Der Vorsatz zeigt den Mount Everest von Westen: ganz links die Nordflanke, in der Mitte die Südwestwand, rechts der Südsattel. In der Karte auf dem Nachsatz sind der Aufstiegsweg von Norden mit der Norton-Variante und die heute übliche Route von Süden eingezeichnet.

Personenregister

Reinhold Messner

Everest

Die Besteigung des Everest 1978 »by fair means« und erstmals ohne künstlichen Sauerstoff – die Dokumentation dieser Expedition, in der Messner seine persönlichen Erfahrungen protokolliert.

Herausgeber: Reinhold Messner

The Wall

Die erste Dokumentation über Alexander und Thomas Huber – Vorbild und Wegbereiter für innovative Kletterer im höchsten Schwierigkeitsgrad.

G I und G II

Die Chronik von Messners Pioniertaten an den Gasherbrums: G I im Alpenstil und die Doppelüberschreitung von G I und G II – alpinhistorische Meilensteine in Gegenüberstellung zum hochalpinen Massentourismus von heute.

Überlebt

Als erster Mensch auf allen 14 Achttausendern der Welt: die Dokumentation einer kaum vorstellbaren Gesamtleistung und alpinhistorischen Sensation; aktuelle Achttausender-Chronik; alle Besteiger der 14 Achttausender.

bei BLV

Nie zurück

Die Geschichte der Polexpeditionen von 1895 bis heute sowie Messners eigene Erlebnisse, Erfahrungen und Analysen.

Bis ans Ende der Welt

Messners persönlicher Rückblick auf seine Gipfelerfolge – ausgewählte Kapitel, die seine einzigartigen Unternehmungen, wichtigsten Stationen und alpinen Höchstleistungen wieder lebendig werden lassen.

Berg Heil – Heile Berge?

Reinhold Messners kritische Auseinandersetzung mit dem heutigen Alpinismus und ein Appell an die Verantwortung jedes Einzelnen, die Gebirge dieser Welt vor der Zerstörung zu retten.

Berge versetzen

Reinhold Messners Analyse einiger seiner Abenteuer im Grenzbereich des Möglichen – Erkenntnisse, von denen jeder, der hohe Ansprüche an sich selbst stellt, im täglichen Leben profitieren kann.

Die Deutsche Bibliothek – CIP-Einheitsaufnahme
Messner, Reinhold:
Mallorys zweiter Tod : das Everest-Rätsel und die Antwort /
Reinhold Messner. - München : BLV, 1999
ISBN 3-405-15840-0

BLV Verlagsgesellschaft mbH
München Wien Zürich
80797 München

© BLV Verlagsgesellschaft mbH,
München 2000

Lektorat: Karin Steinbach
Umschlaggestaltung:
    Werbeagentur Joko Sander, München
Layout und Umsetzung:
    Parzhuber & Partner, München
Satz: Typodata, München
Druck und Bindung: Ebner, Ulm

Printed in Germany · ISBN 3-405-15840-0